R.E.I. Editions

Tutti i nostri ebook possono essere letti sui seguenti dispositivi:
- Computer
- eReader
- iOS
- Android
- Blackberry
- Windows
- Tablet
- Cellulare

Degregori & Partners

Guida ai Paradisi Fiscali

Quaderni di Finanza 26

ISBN: 978-2-37297-2840
Disponibile anche in formato Ebook - ISBN: 978-2-37297-4240

Pubblicazione: maggio 2016
Nuova ediezione aggiornata agosto 2016
Copyright © 2016 - 2022 R.E.I. Editions
www.rei-editions.com

I Quaderni di Finanza hanno lo scopo di promuovere la diffusione dell'informazione e della riflessione economico-finanziaria sui temi relativi ai mercati mobiliari nazionali e internazionali e alla loro regolamentazione.

Piano dell'opera

01 - Le Obbligazioni
02 - I Titoli di Stato
03 - Analisi dello spread
04 - Le Azioni
05 - Gli aumenti di capitale
06 - Fondi Comuni d'Investimento
07 - Il Mercato dei Cambi
08 - E.T.F. - Exchange Traded Funds
09 - C.F.D. - Contract For Difference
10 - Le Opzioni
11 - Gli Hedge Funds
12 - Gli Swap
13 - Futures su Indici
14 - I Certificati d'Investimento
15 - Warrant e Covered Warrant
16 - Asset Allocation
17 - Analisi Tecnica - La teoria di Dow
18 - Analisi Tecnica - I Grafici
19 - Analisi Tecnica - La Candele Giapponesi
20 - Analisi Tecnica - Figure di Continuazione e di Inversione
21 - Analisi Tecnica - Indicatori e Oscillatori
22 - Analisi Tecnica - Le onde di Elliott
23 - Analisi Tecnica - La Teoria di Gann
24 - Analisi Tecnica - Trading e Trading Intraday
25 - Analisi Tecnica - Lo Scalping
26 - I Paradisi Fiscali
27 - I Mutui Subprime
28 - La Leva Finanziaria e la gestione del rischio
29 - Investire in Oro
30 - Manuale dei Mutui

Degregori & Partners

Guida ai Paradisi Fiscali

R.E.I. Editions

Indice

8

I Paradisi Fiscali

Un paradiso fiscale è uno Stato che garantisce un prelievo, in termini di tasse, basso o addirittura nullo. La ragione di una scelta del genere è più che altro politica: attirare molto capitale proveniente dai paesi esteri, fornendo in cambio una tassazione estremamente ridotta.

Dal punto di vista del contribuente, per riportarci all'originaria definizione statunitense di paradiso fiscale, tax haven, è un rifugio dall'alta tassazione sui redditi. Tipicamente, nei paradisi fiscali si riscontra un regime di imposizione fiscale molto basso o assente che rende conveniente stabilire in questi Paesi la sede di un'impresa (come ad esempio le società offshore), oppure regole particolarmente rigide sul segreto bancario, che consentono di compiere transazioni coperte. Giova altresì ricordare che le regole societarie consentono l'emissione di azioni al portatore, un insieme ridottissimo di formalità societarie e contabili e regole favorevoli per l'impiantazione di servizi finanziari (come per esempio regole minime per ottenere licenze che consentano di operare in fondi di investimento).

Se vogliamo fare una classificazione dei paradisi fiscali, possiamo distinguere le seguenti categorie:

- Pure Tax Haven: non impone tasse oppure solo una o più di valore nominale e garantisce l'assoluto segreto bancario, non scambiando informazioni con altri stati.
- No Taxation on Foreign Income: è tassato solo il reddito prodotto internamente.
- Low Taxation: modesta tassazione fiscale sul reddito ovunque generato.
- Special Taxation: Paesi dal regime fiscale impositivo paragonabile a quello dei Paesi considerati a tassazione normale, ma che permettono la costituzione di società particolarmente flessibili.

I paradisi fiscali risalgono al 1800 dove, originariamente, alcuni di questi territori non erano che dei porti dove potevano trovare

rifugio, da intemperie e pirati, le navi dei grandi imperi europei.
Tra il 1920-1930 incominciano ad apparire dei nuovi territori chesi specializzano nella formulazione di legislazioni volte a un trattamento fiscale dei patrimoni meno invasive e pressanti: è il caso di Bahamas, Svizzera, Lussemburgo. Dopo il 1945, la Seconda Guerra Mondiale è decisiva per lo sviluppo dei paradisi fiscali. I territori sotto il dominio europeo non ricevono, dopo il conflitto, gli aiuti economici sperati e vengono tagliati fuori dal piano Marshall. Alcuni paesi così, invece di proseguire con la produzione di materie prime oramai non più in grado di garantire una sufficiente stabilità economica, si specializzano e nell'accoglienza di flotte cui forniscono una bandiera ombra, e nell'offerta ai detentori di capitali un asilo reso sicuro tramite il segreto bancario e l'assenza di tassazione. Tra il 1960-1970 c'è l'emergere del mercato degli eurodollari negli anni 60 e dei petrodollari negli anni 70, che favorisce un sempre maggiore sviluppo dei territori a bassa fiscalità e una crescente benevolenza da parte del mondo economico.
Le grandi banche e imprese, la City di Londra, polo attrattivo delle maggiori società finanziarie, appoggiano, infatti, l'evoluzione di queste strutture, essendo palese il vantaggio di poter disporre di zone con debolissima imposizione fiscale.
A Bahamas, Svizzera e Lussemburgo si aggiungono, in questo periodo il Liechtenstein, le Isole del Canale, le Isole Cayman, Bermuda, Panama. Nel corso degli anni 1980-2000 proprio grazie alla liberalizzazione finanziaria che ha incoraggiato l'assenza di controllo sui movimenti di capitale su scala internazionale, il numero dei paradisi fiscali cresce vertiginosamente. I movimenti di capitale trovano in questi luoghi un singolare luogo di convergenza, favorendo così soprattutto la criminalità cui è data possibilità di "legittimare" più facilmente i propri introiti.
L'attività dei paradisi fiscali è oggi caratterizzata da un giro diaffari stimato in oltre 1800 miliardi di dollari l'anno.
Nei soli paradisi europei sono registrate più di 680.000 società.
L'elenco dei paradisi fiscali, o Paesi con regime fiscale privilegiato, è lungo. In particolari condizioni, possono creare quello che la OCSE, nel rapporto "*Harmful Tax Competition: An Emerging Global Issue*", definisce *concorrenza fiscale*

dannosa.
Secondo lo schema indicato dall'OCSE, questi sono i punti chiave che permettono di individuare un regime fiscale dannoso:

- Imposizione fiscale bassa o prossima allo zero.
- Sistema "ring fenced", cioè tassazione con ampia disparità tra i redditi generati all'interno o all'esterno.
- Assenza di trasparenza delle transazioni effettuate.
- Mancanza di scambio d'informazioni con altri paesi.
- Elevata capacità di attrarre società.

È chiaro che il paradiso fiscale fa gola sia alle aziende multinazionali e di più modeste dimensioni con lo scopo di pagare il minor numero d'imposte, sia a organizzazioni criminali.gli Stati si trovano di fronte al costante dilemma della repressione dei paradisi fiscali. Come facilmente intuibile, le cifre in gioco sono enormi. La loro totale eliminazione porterebbe non soltanto un danno alle organizzazioni criminali, scopo che è sicuramente da perseguire con ogni mezzo, ma anche alle imprese che svolgono attività formalmente legali. Numerose imprese dovrebbero pagare più tasse e la minore disponibilità di capitali sicuramente inciderebbe sullo sviluppo economico dell'impresa stessa. Ma al minor sviluppo economico delle imprese corrisponderebbe una maggior quantità di denaro a disposizione degli stati. La questione, per concludere, è a livello geopolitico ed è quella di trovare una maggiore regolamentazione e un'armonizzazione del sistema impositivo, che permetta una svolta nella concorrenza fiscale tra imprese. Il numero dei paradisi fiscali catalogati dagli Stati e dagli Organismi finanziari internazionali può variare da 40 a 80, a seconda dei criteri di valutazione seguiti nella classificazione. Il fenomeno offshore, infatti, si può presentare in varie forme, può essere più o meno esteso, e può riguardare anche Paesi membri dell'UE o dell'ONU. Una recente ricerca ha diviso i 48 paesi analizzati in tre gruppi di "centri finanziari" in base al loro livellodi prossimità agli Stati membri dell'Unione Europea:

- Paesi che hanno particolari contatti di ordine geografico, politico ed economico con l'Unione Europea (Andorra, Monaco, Bermuda, Malta San Marino ecc.).

13

- Economie in transizione, cioè giurisdizioni appartenenti all'ex blocco sovietico (Romania, Moldavia, Albania ecc.).
- Giurisdizioni offshore esterne all'Unione Europea (Bahamas, Barbados, Macao, Malesia ecc.).

Sette paradisi, tra i quali il Principato di Monaco, e Andorra hanno apertamente dichiarato di non volersi adeguare alle disposizioni internazionali in materia di trasparenza.

Operando da un territorio offshore si riesce a limitare la responsabilità degli azionisti riducendo, in molti casi, il carico fiscale. Sono le strutture preferite da chi richiede anonimato e protezione del capitale, mantenendo tutti i dettagli confidenziali combinando la quasi totale assenza di responsabilità con la completa esenzione nel pagare le tasse.

Nel giugno 2010, l'OCSE, in base al suo Rapporto, ha individuato 14 giurisdizioni inserite nella cosiddetta lista grigia dell'Ocse sotto la voce tax haven e centri finanziari.

Vi figurano:

- Belize
- Brunei
- Isole Cook (Nuova Zelanda)
- Costa Rica
- Filippine
- Guatemala
- Liberia
- Isole Marshall
- Montserrat (Regno Unito)
- Nauru
- Niue (Nuova Zelanda)
- Panamá
- Uruguay
- Vanuatu
- Isole Cayman (Regno Unito).

Secondo la stessa Ocse, i paesi che finora possono effettivamente essere esclusi dalla lista nera sono solo tre: Barbados, Maldive e Tonga. E non si tratta certo dei centri maggiori. Alle Maldive e all'isola di Tonga, nell'Oceano Pacifico, i depositi off-shore si calcolano solo in milioni di dollari. Alle Barbados invece sfiorano i 7 miliardi.

- Ma il più grande paradiso fiscale, le Cayman appunto, riceve crediti e titoli dall'estero per quasi 500 miliardi di dollari, le Bahamas per 164 miliardi, le Antille Olandesi per 98 (sempre secondo i dati Bri).

I sette territori recalcitranti hanno depositi esteri per 26 miliardi di dollari in tutto. Fa però uncerto effetto sapere che il primo per risorse ricevute è la Liberia con oltre 16 miliardi di dollari. In Liberia circa 3 milioni di abitanti vivono, quando non c'è la guerra, con un dollaro al giorno. Il debito estero ufficiale è di 2 miliardi di dollari, il doppio del prodotto interno lordo. Ma i crediti accumulati in banche battenti bandiera liberiana e provenienti dall'estero arrivano, al settembre 2001, a 16 miliardi e 231 milioni di dollari. I depositanti sono tedeschi, giapponesi, francesi, britannici, statunitensi e anche italiani. A Monrovia, infatti, opera da molti anni la Tradevco, una banca d'affari controllata da Mediobanca.

Con un bilancio di 28 milioni di dollari, impiega soprattutto verso altre banche e guadagna praticamente solo da commissioni. I capitali italiani nei paradisi fiscali sono presenti soprattutto nel Principato di Monaco, 882 milioni di dollari su quasi 3 miliardi, ma i dati sono fermi al '98, e, a sorpresa alle Bahamas, subito dopo i canadesi, 2,8 miliardi su 24 miliardi di crediti bancari (non si conosce la composizione dei restanti 140 miliardi dicapitali esteri dell'arcipelago).

Nei 41 paesi individuati dall'Ocse arrivano in tutto dall'Italia quasi 10 miliardi di dollari. La lista italiana dei paesi a fiscalità privilegiata, rinnovata con decreto del ministro dell'Economia nel novembre scorso, è più ampia in realtà di quella dell'Ocse. Comprende, infatti, 50 paesi a pieno titolo e altri 19 per aspetti parziali. La normativa nazionale, però, si concentra soprattutto sui problemi dell'elusione fiscale; solo dalla Finanziaria 2000 è stata introdotta la diretta imputazione in capo alla società controllante dei redditi conseguiti da una controllata localizzata in un paradiso fiscale - il cosiddetto sistema delle controlled foreign companies - cui l'Italia è arrivata per ultima in Occidente.

Secondo la definizione dell'OCSE (Organizzazione per la cooperazione e lo sviluppo economico), l'organizzazione che riunisce i paesi più industrializzati, un paradiso fiscale è un paese o un territorio autonomo che non impone tasse (o solo quelle nominali), per alcuni non residenti diviene un luogo dove sfuggire alla tassazione nel paese di residenza e che possiede almeno uno dei seguenti criteri:

- Mancanza di scambio di informazioni con le autorità degli altri paesi.
- Mancanza di trasparenza.
- Capacità di attrarre attività commerciali "non sostanziali", ossia società aventi l'unico scopo di nascondere e movimentare capitali occulti.

Queste caratteristiche rendono i paradisi fiscali, il luogo ideale per nascondere dei capitali alle autorità del proprio paese mantenendo l'anonimato. Le autorità finanziarie dei paradisi fiscali, infatti, non sono tenute ad accertare né la provenienza del denaro né l'effettiva identità di chi lo versa. E se anche vengono in possesso di tali informazioni, si guardano bene dal rivelarle alle autorità dei paesi stranieri che ne fanno richiesta. I motivi percui un privato cittadino decide di creare una società di comodo in un paradiso fiscale possono essere molteplici: per evadere il fisco, in primo luogo, ma anche, per esempio, per sfuggire ai creditori o alle pretese del coniuge da cui si sta separando. Fanno largo uso dei paradisi fiscali le imprese multinazionali nello svolgimento di attività perfettamente legali, sempre con lo scopo di pagare la minor quantità possibile di imposte. Le organizzazioni criminali, infine, utilizzano i paradisi fiscali per "ripulire" i proventi delle loro attività illecite, per esempio il traffico di armi o di droga.

Secondo uno studio effettuato dall'Ufficio Italiano Cambi relativo al periodo 1996-1998, ogni mese sono usciti dall'Italia verso i paradisi fiscali circa 10.000 miliardi di lire (oltre 5 miliardi di euro), mentre un rapporto ONU del 1998 stimava l'ammontare globale dei fondi depositati nei paradisi fiscali in miliardi di dollari (circa 5.500 miliardi di euro), ossia circa la metà di tutti capitali mondiali investiti all'estero. L'enormità delle cifre in gioco aiuta a comprendere quanto sia difficile un'efficace repressione del fenomeno: se i paradisi fiscali venissero completamente aboliti non sarebbero solo le organizzazioni criminali a trovarsi in difficoltà. Numerose imprese multinazionali si troverebbero, infatti, a dover pagare più tasse, mentre le maggiori borse mondiali dovrebbero rinunciare a un consistente afflusso di capitali che, anche se di dubbia provenienza, alimenta una buona parte delle speculazioni finanziarie su cui le borse stesse costruiscono le loro fortune. Questi i 41 paesi (giurisdizioni o territori) definiti dall'OCSE paradisi fiscali:

- Andorra
- Anguilla (Territorio della Gran Bretagna)
- Antigua e Barbuda
- Antille Olandesi (Olanda)
- Aruba
- Bahama
- Barbados
- Belize
- Bermuda
- Cipro
- Dominica
- Gibilterra (Territorio della Gran Bretagna)
- Grenada
- Isole del Canale Guernsey
- Isola di Man
- Isole Cayman
- Isole Cook (Nuova Zelanda)
- Isole Marshall
- Isole Vergini Britanniche
- Isole Vergini Statunitensi (Territorio degli Stati Uniti)
- Isole del Canale Jersey
- Liechtenstein
- Maldive
- Malta
- Mauritius

- Montserrat (Territorio della Gran Bretagna)
- Nauru
- Niue (Nuova Zelanda)
- Panama
- Principato di Monaco
- Saint Kitts e Nevis
- Saint Lucia
- Saint Vincent e Grenadine
- Samoa
- San Marino
- Seychelles
- Tonga
- Turks e Caicos (Territorio della Gran Bretagna)
- Vanuatu

Il progetto Ocse è divenuto in questi anni il punto di riferimento internazionale sulla questione dei paradisi fiscali. Nel 1998 l'Organizzazione pubblicava un rapporto sulla concorrenza fiscale dannosa intitolato "Harmful Tax Competition: An Emerging Global Issue". Dove si distingue tra "paradisi fiscali" (tax heavens) e "regimi fiscali preferenziali dannosi" (harmful preferential tax regimes). Regimi fiscali preferenziali ce ne sono tanti e, a certe condizioni, possono provocare una competizione fiscale dannosa. Ma i veri e propri paradisi fiscali non si caratterizzano solo per il basso o nullo livello di tassazione. Come sembra ritenere il segretario al Tesoro Usa. Ai fini della loro individuazione, infatti, il rapporto elenca alcune condizioni: nessuna tassazione (ovvero livello di tassazione effettivo solo nominale), assenza di un effettivo scambio di informazioni con altri Stati e mancanza assoluta di trasparenza. A questo si collega anche la mancata cooperazione nella lotta al riciclaggio di denaro sporco. Sulla base di questi criteri, l'Ocse individuava appunto 41 "giurisdizioni" (paesi o territori) definibili come veri e propri paradisi fiscali.

La lista dell'Ocse, una volta tanto, non aveva solo un carattere conoscitivo. Le linee guida del '98 contro le pratiche fiscali dannose prevedono, infatti, l'obbligo alla rimozione dei benefici ottenibili nei paradisi fiscali entro, al più tardi, il 31 dicembre

2005, pena sanzioni. Entro il 28 febbraio 2002 (scadenza poi prorogata alla metà di aprile) i paesi considerati tax heavens potevano inviare "Lettere di impegno anticipato" (Advance commitment letters), cioè lettere di intenti per superare le pratiche fiscali dannose, che sono considerate impegni ufficiali ed evitano, se gli impegni sono mantenuti, le sanzioni punitive previste dal 2006. Tra il 1999 e l'aprile 2002, trentaquattro dei 41 paesi hanno inviato Advance commitment letters.

Restano quindi a rischio di sanzioni sette paradisi fiscali, che per vari motivi non hanno ritenuto di aderire alla richiesta Ocse: Andorra, Isole Marshall, Liberia, Liechtenstein, Nauru, Principato di Monaco e Vanuatu. La lista italiana dei paesi a fiscalità privilegiata, rinnovata con decreto del ministro dell'Economia nel novembre scorso, è più ampia in realtà di quella dell'Ocse. Comprende, infatti, 50 paesi a pieno titolo e altri 19 per aspetti parziali. La normativa nazionale, però, si concentra soprattutto sui problemi dell'elusione fiscale; solo dalla Finanziaria 2000 è stata introdotta la diretta imputazione in capo alla società controllante dei redditi conseguiti da una controllata localizzata in un paradiso fiscale - il cosiddetto sistema delle controlled foreign companies, cui l'Italia è arrivata per ultima in Occidente.

Di seguito riportiamo le liste complete pubblicate dall'ocse:

- Lista nera (stati o territori che non si sono impegnati a rispettare gli standard internazionali): Costa Rica, Malesia, Filippine, Uruguay.

- Lista grigia (Sono 31 stati o territori che si sono impegnati a rispettare gli standard internazionali ma che, a oggi, hanno siglato meno di dodici accordi conformi a questi standard): Andorra, Anguilla, Antigua, Barbuda, Aruba, Bahamas, Bahrein, Belize, Bermuda, Isole Vergini Inglesi, Isole Cayman, Isola Cook, Dominica, Gibilterra, Grenada, Liberia, Liechtenstein, Isole Marshall, Monaco, Montserrat, Nauru, Antille Olandesi, Niue, Panama, St Kitts e Nevis, Santa Lucia, Saint Vincent e Grenadine, Samoa, San Marino, Isole Turk e Caicos, Vanuatu.

- Lista grigio chiaro (8 Paesi): Austria, Belgio, Brunei, Cile, Guatemala, Lussemburgo, Singapore, Svizzera. Macao e Hong Kong, territori cinesi, si sono impegnati nel 2009 a conformarsi agli standard internazionali e, in ragione di ciò, questi due territori non sono più menzionati nella lista grigia.

- Lista bianca (stati o territori che hanno seguito le regole internazionali, stipulando almeno 12 accordi conformi a queste regole): Argentina, Australia, Barbados, Canada, Cina, Cipro, Repubblica Ceca, Danimarca, Finlandia, Francia, Germania, Grecia, Guernesey, Ungheria, Islanda, Irlanda, Isola di Man, Italia, Giappone, Jersey, Corea, Malta, Mauritius, Messico, Olanda, Nuova Zelanda, Norvegia, Polonia, Portogallo, Russia, Seychelles, Slovacchia, Sudafrica, Spagna, Svezia, Turchia, Emirati Arabi Uniti, Regno Unito, Stati Uniti, Isole Vergini.

Il fenomeno economico dei Paradisi Fiscali è in continua evoluzione: il loro sviluppo, infatti, deriva principalmente dall'ammontare di capitale estero che riescono ad attirare dai paesi occidentali. Per avere una panoramica completa di queste entità economiche dobbiamo considerare sia gli innumerevoli vantaggi economici derivanti dall'applicazione di una fiscalità di favore, sia l'avversione della comunità politica internazionale nei loro confronti (dovuta alla riduzione del PIL e all'aumento del tasso di disoccupazione).
È proprio quest'ultimo il freno principale che limita la diffusione di queste realtà.
Molti imprenditori, soprattutto italiani, a causa di un fuorviante canale informativo, considerano il fenomeno delle Società Offshore come un modo per mascherare attività illegali o, nel migliore dei casi, come un'opportunità rivolta solo agli investitori più facoltosi: non è assolutamente vero. Innanzitutto è doveroso evidenziare come un Paradiso Fiscale permette di trarre benefici economici non solo agli imprenditori più agiati, ma anche ai titolari di semplici PMI.

La storia economica di questi ultimi anni, infatti, racconta di tante piccole e medie imprese che, decidendo di esternalizzare la propria attività produttiva in questi territori, sono riuscite a conseguire considerevoli avanzi di bilancio.

Infatti, è possibile sviluppare un'attività Offshore anche investendo poche migliaia di euro. L'Organizzazione per la Cooperazione e lo Sviluppo Economico (OCSE), nel suo Harmful tax Competition, effettua un'interessante distinzione tra Paradisi Fiscali in senso stretto e Regimi Fiscali Agevolati.

Tecnicamente sono Paradisi Fiscali in senso stretto quegli stati che non prevedono imposte (dirette o indirette) o il cui prelievo è quantificabile in una percentuale residua, e in cui sussiste almenoun'altra delle seguenti condizioni:

- Mancanza di un effettivo scambio di informazioni
- Legislazione che limita la trasparenza del contribuente
- Assenza di un'effettiva attività economica.

Proprio a causa della mancanza di trasparenza della situazione contributiva dell'investitore, e il consequenziale sviluppo dell'attività di riciclaggio di denaro sporco, questi paesi, nella maggior parte dei casi, non fanno parte dell'OCSE.

Sono definiti, invece, Regimi Fiscali Agevolati, quei territori che, pur applicando un'imposizione fiscale ordinaria, offrono vantaggi legislativi e/o amministrativi, ridotta imposizione fiscale, ad alcuni soggetti o a determinate categorie di redditi.

Si tratta di stati che possono anche essere membri OCSE, e che aggiungono a quanto appena detto una mancanza di trasparenza del regime agevolato. L'obiettivo di un imprenditore che investe in una Società Offshore è quello di sfruttare l'elusione fiscale e non, come molti pensano, evadere le tasse. Approfondiamo questi concetti per comprendere le relative differenze:

- Elusione Fiscale: è un ingranaggio della Pianificazione Fiscale che garantisce, al contribuente, di usufruire di un carico fiscale ridotto o comunque dilazionato nel tempo.
- Evasione Fiscale: è quell'attività che permette, in modo fraudolento, di sottrarre dal relativo carico fiscale, un contribuente. E' assolutamente da considerare un reato.

Proprio per tutelare gli investitori dal pericolo dell'evasione fiscale, e, quindi, delle relative conseguenze, è nata, negli ultimi anni, una nuova categoria professionale: gli Ingegneri Fiscali (IF). Questi professionisti offrono un'attività di consulenza che garantisce, all'investitore assistito, la più efficiente strategia di riduzione del carico contributivo grazie ad una perfetta conoscenza del sistema economico mondiale: ad esempio, sviluppare una strategia per creare un e-commerce, in un determinato Paradiso Fiscale, per contenere o annullare la relativa tassazione dei redditi. Il business nei Paradisi Fiscali è generalmente sviluppato da investitori che hanno come obiettivo quello dell'elusione delle tasse. Infatti, esternalizzare la propria attività in un tax haven, nella maggior parte dei casi, deve garantire all'imprenditore i seguenti aspetti:

- Le fatture devono essere emesse dal Paese di residenza fiscale della società.
- L'investitore deve poter prelevare moneta dal conto societario.
- Gli incassi devono essere riscossi, solitamente, da aziende localizzate in territori diversi dalla residenza fiscale dell'impresa.

Riuscire a comprendere qual è il Paradiso Fiscale che garantisce la maggior efficienza, in tali termini, non è assolutamente facile. Ciascun investitore sceglie il Paradiso Finanziario, più adatto alleproprie esigenze, valutando i seguenti fattori:

- Agevolazioni Fiscali: questo è sicuramente l'aspetto su cui è focalizzata maggiormente l'attenzione dell'investitore. È doveroso sottolineare che un Paradiso Fiscale potrebbe essere conveniente per talune attività produttive e meno per altre.
- La residenza: bisogna decidere se stabilirsi nel nuovo paese "realmente", o solo in maniera "virtuale". A incidere su questa scelta ci sono una serie di condizioni che esulano dall'aspetto finanziario, ma che incidono sulla qualità della vita (spesso i tax haven hanno sistemi bancari avanzati ma non offrono, ad esempio, servizi sanitari o di pubblica sicurezza decenti).

- Il sistema politico del paese: è indispensabile che il territorio sia governato in modo stabile per evitare il depauperamento dell'investimento effettuato.
- L'economia del paese: investire in un territorio con un tasso di inflazione troppo alto o con una moneta troppo debole può deteriorare la competitività dell'azienda sul mercato internazionale.
- I mezzi di comunicazione: l'attività di una Società Offshore è principalmente rivolta al mercato
- internazionale, quindi è indispensabile, per l'imprenditore, usufruire di efficienti mezzi di comunicazione e di trasporto (internet, aeroporti, porti).
- La posizione geografica: una maggiore distanza con il paese di residenza, può portare a maggiori vantaggi soprattutto in termini di riservatezza delle informazioni sensibili.

Paradossalmente anche la scelta di un luogo che permetta di ottenere vantaggi finanziari è una questione di costo: Montecarlo è un rifugio fiscale molto vicino all'Italia, probabilmente, per gli italiani, il paradiso per antonomasia, ma si presta principalmente ad accogliere capitali ingenti, quindi, se i vostri risparmi, o investimenti, sono nell'ordine delle decine di migliaia di euro, non è il vostro obiettivo.

Nel corso di tutto il 900, ha riscosso un enorme successo lo Stato di Panama, nell'America Centrale, il quale garantisce facilità di amministrazione e bassi costi di apertura e gestione delle società offshore sorte sul suo territorio.

La differenza tra questi due Stati sta anche nelle scelte fiscali: mentre il Principato di Monaco non tassa i redditi personali a fronte di un'elevata imposizione per i redditi societari, a Panama avviene l'esatto contrario, non sono previste imposte per le società (domiciliate sul suo territorio ma che svolgano attività esclusivamente all'estero). La definizione di Paradiso Fiscale non è univoca, e nel mondo esistono diverse zone in grado di offrire regimi fiscali, e più in generale strutture normative e amministrative, di favore.

I fruitori dei tax haven, sono principalmente le imprese, che sianoesse di piccole dimensioni e guidate da un singolo o grosse multinazionali agli ordini di folti consigli di amministrazione. A causa di una cattiva informazione, i titolari delle PMI, soprattuttoin Italia, sono convinti che solo disponendo di ingenti capitali è possibile investire in un Paradiso Fiscale: non è assolutamente vero.

Negli ultimi anni molte piccole imprese europee, con fatturati di circa 40 mila euro, grazie alla scelta di andare Offshore, sono riuscite a superare la difficile situazione economica europea, caratterizzata da una fase acuta di crisi, riuscendo ad incrementare i propri guadagni in modo considerevole.

La legge italiana classifica i paradisi finanziari o fiscali in tre categorie:

- Paradisi fiscali leciti: Campione d'Italia, Gibilterra, Polinesia Francese, Principato di Monaco, Trieste.

- Paradisi fiscali parzialmente leciti: Antigua, Bahrein, Barbados, Cipro, Cook Islands, Costa Rica, Dominica, Emirati Arabi, Filippine, Giamaica, Libano, Liberia, Malesia, Malta, Montserrat, Panama, Portorico, Saint Lucia, Saint Vincent, Singapore, Svizzera, Uruguay.

- Paradisi fiscali proibiti: Andorra, Anguilla, Antille Olandesi, Aruba, Bahamas, Bermuda, Channel Islands, Gibuti, Grenada, Hong Kong, Isole Cayman, Isola di Man, Isole Vergini Britanniche, Liechtenstein, Macao, Nauru, Oman, Samoa, Saint Kitts and Navis, Seychelles, Turks and Caicos, Vanuatu.

Questa distinzione potrebbe far pensare, quindi, che investire o portare i propri risparmi a Montecarlo non comporti alcun problema con la legge del nostro stato mentre, aprire un'attività alle Bahamas sia vietato. Purtroppo non è così poiché tale distinzione è stata annullata dall'Unione Europea che, in materia di paradisi fiscali, ha recepito il Trattato GATT, il quale stabilisce l'assoluta indifferenza tra questi stati. In seguito all'adeguamento della nostra normativa al Trattato GATT, è oggi possibile per un'azienda nata in uno degli stati suindicati, sia essa di proprietà italiana, di imprenditori locali o di paesi terzi, operare nella nostra penisola senza pagare tasse sul reddito o oneri sociali (se previsto dal regime fiscale del suo paese) a patto che tutti i suoi dipendenti siano stati assunti nello stato in cui è stata fondata. Tutto ciò può essere un bene per i clienti di tali aziende e per gli imprenditori in grado di investire in paesi con regimi fiscali agevolati ma, allo stesso tempo, aumenta la competizione nel mercato: la globalizzazione ha allargato la scala di riferimento per le imprese, che oggi devono confrontarsi con competitors provenienti da ogni parte del mondo, anche con aziende che, grazie a un'imposizione fiscale bassa o nulla, possono lottare più facilmente nella battaglia dei prezzi. Si deve precisare subito come negli ultimi anni sia risultato evidente che strumento privilegiato nel favorire l'elusione fiscale internazionale non sono solo quei Paesi classificati come "paradisi fiscali" che, anzi, proprio in quanto espressamente individuati come tali, incontrano crescenti difficoltà nell'assumere un ruolo realmente attivo nelle transazioni internazionali. Oggi, infatti, è assai diffuso il ricorso a tutti quei Paesi a regime tributario normale che nascondono all'interno della propria legislazione, regimi fiscali speciali atti, il più delle volte, unicamente ad attrarre nuovi investitori stranieri. Si è appena detto che la principale risposta a questa nuova tendenza internazionale, l'UE l'ha data con il pacchetto Monti, e un aiuto in tal senso è stato dato dall'OCSE. In particolare, il già citato gruppo Primarolo, ha appena concluso due anni di lavori rendendo noti i risultati del proprio operato destinato a individuare le agevolazioni che possano risultare fiscalmente "distorsive".

Una lista molto ampia ma per nulla esaustiva, che affianca quella OCSE, il cui contenuto risulta decisamente poco chiaro, e desta, esattamente come quella OCSE, parecchie perplessità. Questa lista, infatti, si limita a elencare una serie di figure giuridiche non accettabili all'interno della UE, ma senza pensare alcuna manovra atta a smantellare le medesime strutture nel modo più indolore possibile per i suddetti Paesi. Inoltre nell'ambito della lista predisposta dal gruppo Primarolo sono presenti delle evidenti anomalie: l'Olanda, ad esempio, oltre a essere presente con ben nove regimi agevolativi, vede considerate elusive quasi tutte le società holding, uno degli assi portanti del proprio sistema economico. D'altra parte sorprende l'assenza da questo elenco delle SOPARFI lussemburghesi (non inserite nemmeno nella lista dell'OCSE) che, pur avendo caratteristiche sostanzialmente analoghe a quelle delle holding olandesi, non sono state considerate quale uno strumento atto a distorcere la concorrenza fiscale fra gli Stati. Alcuni problemi riguardano anche l'Italia.

Nella lista Primarolo, analogamente a quella OCSE, risulta infatti ricompreso il centro "offshore" di Trieste, una scelta che desta perplessità considerato che si tratta di una realtà di importanza praticamente nulla nel panorama fiscale europeo.

Infatti, a quasi dieci anni dal varo, il centro non è ancora attivo comunque anche qualora dovesse effettivamente diventare operativo, i rigorosi limiti posti dalla Commissione Europea sia alle attività che questo può svolgere che gli altrettanto importanti vincoli quantitativi alle operazioni effettivamente intermediabili ne limiterebbero sostanzialmente l'attività. Le motivazioni di questa e altre scelte sono evidentemente difficilmente comprensibili e solo una precisazione da parte dello stesso gruppo Primarolo potrà chiarirne definitivamente le ragioni. Ma le "stranezze", se così si possono definire, di questa lista continuano, e una in particolare risulta, ai fini della presente trattazione, particolarmente interessante; ci si riferisce all'Irlanda. L'Irlanda è, infatti, considerata, in entrambi i documenti, una sorta di "paradiso" solamente a causa di alcuni suoi particolari regimi impositivi che prevedono una aliquota al 10% per determinate attività manifatturiere e finanziarie svolte in precise aree presso Dublino, quale ad esempio la zona circostante l'aeroporto di Shannon. Se da un lato è innegabile che tali regimi fiscali fossero pregiudizievoli e fiscalmente distorsivi, non si è però tenuto conto del fatto che questo tipo di agevolazione fiscale è oramai prossima alla scadenza, sostituita da una ben più "pericolosa" (ma legittima) aliquota del 12,5% su tutti i redditi prodotti dalle società residenti (la stessa mancanza si riscontra anche nella lista stilata dall'OCSE).

Aliquota questa che sta creando una vera bufera all'interno dell'Unione (come si vedrà meglio nei capitoli due e tre della presente trattazione). Quanto detto deve far riflettere e preoccupare, specialmente perché è emblematico per capire quanta confusione vi sia ancora in questa materia all'interno dell'UE. Risulta evidente dunque come la tanto voluta armonizzazione dei sistemi tributari sia ancora un miraggio, quantomeno nel contesto di una UE che a tutt'oggi non sembra neppure essere in grado di garantire al suo interno una concorrenza fiscale corretta e pienamente accettabile. Ciò che è emerso, infatti, dall'analisi dei due principali documenti atti a intervenire in tal senso, non è sicuramente incoraggiante, e anzi delinea una condotta comportamentale degli organi di controllo piuttosto ambigua e lacunosa.

Paradisi Fiscali nel Mondo

La loro distribuzione geografica è molto eterogenea, anche se, nonostante siano sparsi in tutti i continenti, si concentrano principalmente in Europa e Nord America, o, più semplicemente,nei paesi con un'elevata tassazione.
Proprio l'elevato carico contributivo, soprattutto europeo, ha generato un aumento dell'interesse verso i Paradisi Fiscali.
È importante sottolineare che investire in attività Offshore richiede un grado di competenze fiscali specifiche tali, da scoraggiare i piccoli imprenditori.
Negli ultimi anni, però, stanno nascendo una serie di figure professionali ad hoc: esperti che, da ogni parte del mondo, offrono la loro consulenza per effettuare operazioni che, nel rispetto della legge, consentono di pagare meno tasse, aiutando anche i loro assistiti nella scelta del Paradiso Fiscale più adatto all'attività svolta.
Alcune stime indicano che circa il 60% dei capitali del nostro pianeta è gestito da società offshore. Questo spiega anche il lavoro svolto dall'OCSE e da altre organizzazioni governative per tentare di arginare il fenomeno tramite leggi sempre più severe e restrittive.

Anguilla

Colonizzata dagli inglesi che vi si insediarono nel 1650, Anguilla fu incorporata in una singola dipendenza britannica insieme alle vicine isole di Saint Kitts e Nevis all'inizio delXIX secolo, con grandi proteste da parte degli anguillani. Dopo due ribellioni nel 1967 e 1969 e un breve periodo come autodichiarata repubblica indipendente capeggiata da Ronald Webster, il ruolo britannico fu ristabilito nel 1969 e da allora divenne una separata dipendenza britannica nel 1980.

Il potere esecutivo spetta alla regina Elisabetta II del Regno Unito, che è rappresentata nel territorio dal Governatore di Anguilla. Il Governatore è nominato dalla regina su consiglio del Governo Britannico. La difesa e gli affari esteri rimangono responsabilità del Regno Unito. La costituzione di Anguilla entrò in vigore nel 1982 e fu emendata nel 1990. Il capo del governo è il primo ministro di Anguilla che è nominato dal Governatore. Il ramo legislativo consiste di un parlamento unicamerale, la House of Assembly ("Camera dell'Assemblea"), composta da 11 membri, dei quali sette scelti tramite suffragio popolare, due ex- officio e due nominati.

Le maggiori risorse economiche dell'isola sono la pesca e il turismo, ma le regole finanziarie e bancarie da paradiso fiscale hanno fatto crescere l'economia di questo paese negli ultimi anni. Il sistema fiscale italiano, col Decreto Ministeriale 04/05/1999, l'ha inserita tra gli Stati o Territori aventi un regime fiscale privilegiato, nella cosiddetta Lista nera, ponendo quindi limitazioni fiscali ai rapporti economico commerciali che si intrattengono tra le aziende italiane e i soggetti ubicati in tale territorio.

Per quanto riguarda le imposte, Anguilla è uno dei paradisi fiscali a zero tasse che significa che non c'è nessuna:

- Imposta sul reddito.
- Eredità o altre imposte immobiliari.
- Plusvalenze.
- Tasse alle imprese.

Anguilla è anche un luogo popolare per i trust, in particolare Asset Protection Trust (APTs). Questo tipo di trust è spesso istituito dai ricchi, medici, avvocati e dentisti che vogliono proteggere i loro beni da rivendicazioni di negligenza o di chiunque altro che vuole protegge i propri beni da cause varie e simili. Anguilla è una delle giurisdizioni migliori per tale Trust, principalmente a causa delle sue leggi severe sulla privacy. I tribunali di Anguilla consentono solo limitate azioni nei confronti dei trust se l'indicazione si riferisce al divorzio, i debiti o tasse d'oltremare.

• Anguilla non ha alcun trattato fiscale sulla doppia tassazione ma ha eccellenti banche e servizi finanziari.

Ci sono oltre 100 banche lì, tra cui nomi prestigiosi come Barclays e Bank of America. Il fatto che si tratta di una dipendenza britannica aggiunge anche la comodità per alcuni, come il ridotto rischio di eventuali disordini civili, dato la protezione promessa dal governo britannico. Anguilla, inoltre, ha uno dei più bassi tassi di criminalità di tutto il mondo. Anche se i prezzi degli immobili sono abbastanza ragionevoli essi sono saliti vertiginosamente negli ultimi anni, visto che l'isola ha un elevato standard di vita oltre a essere uno dei migliori paradisi fiscali. Non è facile ottenere la residenza in Anguilla e a differenza di altre giurisdizioni dei Caraibi non c'è nessun numero minimo di giorni che bisogna passare lì al fine di essere classificato come un residente. Se si desidera un permesso di lavoro sull'isola è necessario ottenere un lavoro e, come con la maggior parte delle destinazioni caraibiche, le autorità sono riluttanti se pensano che si toglie lavoro alla gente del posto (se si lavora in un campo specializzato ci sarà un atteggiamento più rilassato). Se si desidera ottenere la residenza permanente, è necessario acquistare un immobile e chiedere un certificato di residenza permanente.

Ciò permetterà una più facile uscita e ingresso attraverso le dogane quando si lascia Anguilla, ma potrebbe anche essere mostrato al fisco per un reclamo a essere residente all'estero.

Barbados

Le isole Barbados sono un altro popolare centro finanziario off-shore. E' un ambiente cosmopolita con un clima tropicale, bassa criminalità e il costo della vita alto. Le Barbados sono saldamente nella lista dei paradisi fiscali a «tasse basse». In particolare, i residenti di Barbados non pagano:

- Plusvalenze fiscali.
- Imposte di successione.

Tuttavia, le autorità riscuotono imposte sul reddito e IVA. La tassa sul reddito alle Barbados non è bassa, il tasso è del 20%sul reddito fino a 24.200 dollari e il 35% sui redditi di sopra di 24.200 dollari. Alcune persone finirebbero, dunque, più tassate sul reddito alle Barbados di quanto lo sarebbero negli Stati Uniti o nel Regno Unito. Tuttavia, a parte il fatto che non esiste alcunaplusvalenza o imposta di successione, se si è residenti ma non domiciliati alle Barbados si potrà essere tassati solo sul redditoestero che si rimette in realtà nel paese. Questo significa che un emigrante può evitare spesso completamente l'imposta sul reddito mantenendo il reddito fuori delle Barbados. In termini di residenza, la definizione tradizionale è che si diventa residentealle Barbados dopo aver trascorso più di 182 giorni lì durante unanno di calendario (che alle Barbados è lo stesso anno fiscale). Sebbene il tasso di reddito fiscale (35% nel 2006) è stato ridotto dal 37,5% nel 2005, è ancora molto alto, in particolare per uncentro off-shore. Come tale, a meno che non si utilizzano leregole di non domicilio, ci sono pochissimi risparmi di imposta sul reddito quindi principalmente ci sarebbe beneficio per gli individui in cerca di evitare le plusvalenze. Se si desideralavorare sarà anche necessario pagare i contributi previdenziali. Questi sono piuttosto alti, circa il 10%.

Le Barbados hanno anche l'imposta di bollo che è fissata al 5% (per i residenti) di trasferimento di terra di proprietà.

A differenza dei paradisi fiscali a zero tasse, le Barbados hanno attualmente 11 trattati di doppia imposizione fiscale.

I trattati prevedono basse ritenute su dividendi e canoni pagati da paesi come Malta, Norvegia, Stati Uniti e Regno Unito.

Il costo della vita è molto alto e il lato positivo è che ci sono un sacco di proprietà di lusso disponibili, le spiagge sono superbe e la criminalità è piuttosto bassa (tranne che per furto con scasso). Tutte le Barbados offrono un ottimo standard di vita, ma a un certo prezzo. Le società alle Barbados sono anche soggette a tasse locali. In realtà sono tassate abbastanza pesantemente, con l'attuale tasso di imposta sulle società al 25%. Così a meno che non ci sono motivi particolari, l'utilizzo di una società alle Barbados, non sarebbe la scelta migliore.

Il concetto di "domicilio" si applica alle imprese, nonché agli individui così una società residente alle Barbados ma costituitaaltrove è tassata sul suo reddito straniero su una base di rimessa. Se si ha voglia di costituire una società alle Barbados, sarebbemeglio guardare a una IBC Barbados.

Anche se l'imposta sul reddito è punitiva, soprattutto se paragonata con altri centri off-shore, in pratica diventando residenti alle Barbados si può facilmente utilizzare la regola del non domicilio per esentare tutte le fonti estere di reddito.

A questo si aggiunge il fatto che non c'è nessuna tassa sui guadagni in conto capitale, rendendo le Barbados una giurisdizione utile per gli individui che vogliono tagliare questo tipo di bollette. Ha anche alcuni trattati di limitate doppie imposizioni in luogo che potrebbe essere di efficacia nel ridurre le ritenute d'acconto. Se si sta pensando di comprare una casa alle Barbados, la proprietà è disponibile a non residenti senza restrizioni importanti (non è necessario ottenere una licenza come in Anguilla). I prezzi delle proprietà tendono a essere superiori a quelli delle Isole Vergini britanniche, ma non così elevati come alle Bermuda.

Belize

Belize è un paese indipendente vicino al Messico e proprio come le Barbados non si pagano tasse su plusvalenze o l'imposta di successione ma ci sono imposte sul reddito che possono essere molto alte. L'aliquota d'imposta per i dipendenti può arrivare al 45% e ci sono anche da pagare i contributi sociali. Belize ha anche una legge di tassazione speciale per gli individui che sono residenti ma non domiciliati lì: si paga solo l'imposta sui redditi derivati in Belize. Questo pertanto esenta dall'imposta la maggior parte degli immigrati che di solito mantiene i propri soldi investiti offshore.

Sono principalmente gli individui che lavorano a Belize che pagano le tasse sul reddito. Naturalmente non è solo l'ambiente fiscale che deve essere considerato. Bisogna considerare se Belize è il genere di posto dove si vorrebbe vivere. Per quanto riguarda i paradisi fiscali Belize è senza dubbio uno dei meno sviluppati e deve essere considerato solo se si desidera una vita tranquilla. Il tenore di vita è relativamente basso.

È possibile ottenere i prodotti occidentali ma a caro prezzo. Acquistare una proprietà in Belize è piuttosto semplice e non esistono restrizioni reali sugli stranieri. Confrontato con altri paradisi fiscali alcune proprietà sono a buon mercato. Si può comprare un appartamento bilocale fronte oceano per meno di

euro. Data la sua crescente reputazione come centro di traffico di droga, Belize non è solitamente pensato come il posto dove andare, se si vuole sfuggire al crimine. Tuttavia, Belize ha rigide leggi antidroga e il problema tende a essere limitato alle grandi città. Le aziende locali di Belize pagano l'imposta sulle società al tasso del 35%. Ma, se si sta pensando di utilizzare un'entità offshore non si utilizzerà una società Belizean 'standard' ma una società Belizean Business Internazionale (IBC) che è esente da tutte le forme di tasse a Belize.

Delaware

Il Delaware (USA) è la giurisdizione più economica e flessibile presente nel mondo in cui aprire una società. Questa giurisdizione è particolarmente interessante soprattutto se non si intende fare business negli Stati Uniti. Infatti, secondo la legge del Delaware non vi sono imposte sugli utili a carico della società se questa soddisfa le seguenti condizioni:

- Vi è un singolo membro (owner) straniero residente all'estero (sia esso fisico che giuridico).
- La società è di tipo LLC (Limited Liability Company).
- La società non svolge nessun business nel territorio americano e non possiede nessun conto corrente in questo Stato.
- La società non possiede dipendenti in U.S.A.
- La società non possiede conti correnti bancari in U.S.A.

In questa situazione, la società LLC del Delaware non paga nessuna imposizione sugli utili conseguiti fatta eccezione per una imposta forfetaria di 250 USD annuali (Delaware franchise tax). Quindi la società, nelle condizioni di cui sopra, non è neppure tenuta alla presentazione dell' U.S. LLC tax return e non deve essere obbligatoriamente iscritta all'IRS statunitense.

- Pertanto la burocrazia è praticamente nulla e quindi i costi di gestione sono bassissimi, si tratta di una configurazione di tipo offshore.

Questo tipo di società può essere costituita anche utilizzando i servizi di nominee (nominee director/manager) in modo da mantenere massima la propria privacy. Il numero minimo di soci della società è uno, senza distinzione né di nazionalità né di residenza. Affinché la società sia considerata offshore dai dipartimenti americani, il socio deve essere unico (fisico o giuridico) non residente in USA e non cittadino statunitense. Le partecipazioni sono nominative e non al portatore e i soci vanno indicati in fase di registrazione della società, tuttavia i soci (members) non compariranno in alcun elenco e registro ufficiale e saranno, difatto, non-visibili. Gli azionisti non residenti sono esentati dalla tassa di ritenuta sui dividendi. Il massimo vantaggio operativo per la LLC, lo si ha se la società è costituita da singolo membro residente fuori da U.S.A. e con le condizioni di cui sopra. Solitamente queste società vengono costituite per eseguire operazioni in Europa e possono beneficiare di un conto corrente in un qualunque paese tra quelli a riservatezza di Legge. Nel caso di apertura conto saranno necessari i documenti societari apostillati e autenticati dal Segretario di Stato del Delaware. Il tempo medio di registrazione di una nuova LLC nel Delaware è di 2-3 giorni al massimo. E' anche naturalmente possibile registrare una nuova LLC nel Delaware e poi aprire eventualmente una succursale in questo paese, combinando i vantaggi della LLC con il prestigio e la flessibilità della legislazione della Confederazione Elvetica. E' inoltre possibile costituire la LLC attraverso una società offshore anonima in un paradiso fiscale (ad esempio Seychelles). In questo modo la struttura LLC statunitense risultante sarà completamente anonima in quanto il suo unico socio sarà rappresentato dalla società delle seychelles (solitamente una LTD di tipo IBC). Molte volte il cliente chiede di potere avere una società in cui i soci proprietari non figurino presso alcun elenco pubblico o istituzionale e quindi non visibili al pubblico. Questo si può ottenere in modo molto economico in Delaware mediante le LLC (il socio/i compare solo su atti privati e non sui pubblici registri).

- Tuttavia è bene tenere presente che la LLC non è una società anonima. Le uniche forme di società anonima in senso stretto sono le SA Svizzere, le Corporation di Panama e le società LTD delle Seychelles.

Nelle LLC del Delaware, infatti, il nome dei soci compare solo negli agreement della società, i quali non vengono registrati in alcun registro pubblico (gli agreement sono infatti accordi privati tra i soci che non vengono pubblicati). Si comprende bene quindi l'importanza e il valore che questo tipo di società ha per la riservatezza. Il cliente può decidere quali dati rendere pubblici. Lo stato del Delaware, infatti, non richiede la pubblicazione dei soci delle sue LLC, a differenza di altri stati americani come il Nevada o la Florida. Molti clienti che vogliono partecipare in modo riservato dentro società in altri paesi, infatti, costituiscono LLC e poi acquistano la partecipazione mediante la società

stessa, proteggendo, in questo modo la loro privacy nell'operazione. Le Delaware LLC, inoltre, sono società riconosciute in tutto il mondo e hanno il forte prestigio delle società USA. La legislazione americana non impone alcuna restrizione al socio straniero, il quale può costituire liberamente società di qualunque tipo e con qualunque organizzazione all'interno dello stato americano del Delaware, per poi gestirla da ovunque nel mondo. I soci della LLC possono essere sia persone fisiche sia persone giuridiche di qualunque giurisdizione. E' possibile quindi costituire la LLC americana attraverso una società di Panama, oppure attraverso una società delle Seychelles rendendo cosi molto forte la riservatezza dei beneficiari. Infatti, la Repubblica delle Seychelles fornisce agli azionisti di una IBC la più totale riservatezza, ancora di più di Panama.

Le società costituite in Delaware sono in completa osservanza sulle norme americane del codice legale dello Stato del Delaware.

Certificate of amendment

Si tratta di un certificato ufficiale americano rilasciato dallo Stato del Delaware che permette di creare modifiche al certificato di formazione della vostra società LLC. E' molto importante sapere che questo certificato esiste e che si può eseguire un amendment con facilità. Ad esempio è possibile attraverso questo documento, designare degli amministratori o variare i poteri di essi oppure inserire o togliere vincoli alla società. Infatti, esso può essere usato per: designazione amministratori o loro revoca, inserimento/rimozione vincoli della company, variazione dell'indirizzo legale, variazione del nome della company, inserimento di parametri operativi della company o di elementi descrittivi.

Certificate of formation

Il certificate of formation è il documento più importante della società LLC del Delaware. Esso certifica gli elementi di base di una nuova società e questo documento è riconosciuto e richiesto da qualunque istituzione (banche, Istituzioni, ambasciate, registri di commercio) come documento probante dell'esistenza della società e dei suoi dati di base. Emerge quindi quanto sia importante potere personalizzare tale documento in base alle proprie esigenze. Sono molto poche le organizzazioni di consulenza che permettono di fare questo ai propri clienti, ma si tratta di un servizio molto importante per i clienti che devono eseguire business importanti con le proprie LLC e occorre avere quindi molta esperienza in questo settore. All'interno del certificate of formation è infatti possibile includere diverse informazioni che, essendo poi certificate dal Segretario di Stato, danno valore legale e certificato al documento.
In particolare:

- Designazione del/i manager.
- Informazioni sull'organizzazione della società.
- Particolari vincoli relativi al funzionamento della società.
- Informazioni sull'operatività della società stessa.

Hong Kong

L'economia di Hong Kong è da tempo passata da una struttura incentrata sull'industria manifatturiera a un assetto economico in cui prevalgono i settori del terziario, in particolare quello dei servizi legati agli scambi internazionali, alla finanza e all'attività immobiliare. L'industria manifatturiera di Hong Kong, seppur quasi completamente ricollocata nei territori della Cina Popolare, ha comparti produttivi molto dinamici, quali ad esempio l'elettronica, con prodotti ad alto contenuto tecnologico tra i quali i semiconduttori, i sistemi informatici e le apparecchiature per telecomunicazioni e il tessile-abbigliamento, la cui produzione si è orientata verso gli articoli di elevata qualità in concomitanza con l'emergere di Hong Kong come principale centro commerciale regionale della moda. L'industria della plastica ha subito una rapida contrazione dopo la crescita degli anni sessanta e settanta.

- Nonostante ciò, Hong Kong rimane uno dei principali esportatori mondiali di giocattoli. L'industria dell'orologeria, infine, riveste ancora un ruolo di rilievo nel panorama produttivo locale.

Hong Kong ha messo a disposizione dei traffici commerciali imponenti infrastrutture di trasporto che sono certamente fra le più grandi ed efficienti del mondo: ha il porto container più attivo del mondo e l'aeroporto più grande della regione con un traffico pari a 35 milioni di passeggeri e a 3 milioni di tonnellate di merci all'anno. Completa le infrastrutture di trasporto un'efficiente rete di trasporti pubblici urbani, con linee metropolitane estese ed equipaggiate con convogli frequenti e capienti e con servizi di autobus urbani altrettanto frequenti e capienti, gestiti da compagnie private.

Tra l'Italia e Hong Kong non esiste un trattato contro la doppia imposizione fiscale. L'accordo firmato in merito da Cina e Italia non si applica, infatti, al territorio di Hong Kong. Per la legislazione di Hong Kong vige, infatti, il principio generale per cui i trattati bilaterali adottati dalla Cina, per avere validità sul territorio di Hong Kong, devono essere da quest'ultimo ratificati. In materia economica, tra Italia e Hong Kong esiste un "accordo per la Protezione e la Promozione degli investimenti", siglato nel 1995 e divenuto esecutivo nel 1998, che contiene clausole di garanzia circa espropriazioni indebite o nazionalizzazioni.

L'economia di Hong Kong ha sviluppato una vocazione specifica per l'insediamento di società, a capitale locale e/o straniero, costituite per il controllo di operazioni industriali offshore e in territorio cinese, sovente sotto forma di joint venture. Questa funzione si è in particolare aggiunta al tradizionale ruolo rivestito da Hong Kong quale porta di accesso della Cina comunista sul commercio internazionale. Tale caratteristica, agevolata e salvaguardata dalla favorevole legislazione fiscale e doganale nonché incentivata dalla scarsità di risorse naturali, si è tradotta nella presenza di un numero elevatissimo di Trading Companies dalle più svariate specializzazioni e dimensioni.

A Hong Kong, l'attività imprenditoriale è incoraggiata da una fiscalità estremamente contenuta e da procedure relativamente semplici e poco costose per la costituzione di società.

Agli utili aziendali si applica una aliquota fiscale estremamente ridotta (16%), la più bassa nella regione.

Inoltre solamente le fonti di redditi riconducibili a un'attività effettivamente svolta nel territorio di Hong Kong sono soggette a tassazione: in altri termini, se un reddito proviene da transazioni off-shore originate e concluse fuori dal territorio di Hong Kong, il relativo utile è esente da imposte.

- Altri vantaggi fiscali riguardano l'assenza di imposte sui capital gains e sui dividendi, nonché sugli interessi maturati sui depositi che le società mantengono presso conti bancari sulla piazza di Hong Kong.

Le immobilizzazioni tecniche godono di un regime fiscale di ammortamento accelerato, che consente un ammortamento del 60% del cespite nel corso del primo esercizio e successivi ammortamenti annuali variabili tra il 10% e il 30% del valore residuo.

Gli adempimenti per la costituzione di una società sono molto contenuti. Una Limited Company costituita a Hong Kong deve avere almeno un amministratore (directors), un titolare o più soci e un segretario residente (secretary). Tali cariche possono anche essere rivestite da persone giuridiche. Solo il secretary deve essere residente a Hong Kong. Un grande numero di studi professionali di Hong Kong si è specializzato nell'assumere la rappresentanza di cariche sociali, dietro accordo fiduciario con i promotori della società, e nell'espletare le formalità di costituzione delle società stesse. La registrazione di una società presso il Company Registry avviene in tempi relativamente rapidi. In taluni casi una nuova società può essere attivata ripristinando una società già registrata, ma dormiente (shelf company). In tal caso la procedura può essere completata nel giro di pochissimi giorni dagli studi professionali locali che mantengono già a disposizione della clientela un portafoglio di società riattivabili, da ridenominarsi successivamente.

- Tra i costi variabili più significativi che incontrano le imprese operanti a Hong Kong si segnalano in primo luogo i costi di locazione. I prezzi sono estremamente dissimili a seconda delle aree d'insediamento e hanno subito una marcata contrazione a partire dal 1998.

Per costituire una società off shore a Hong Kong, la procedura è semplice e non richiede più di 3-4 settimane. Generalmente, le imprese e le società offshore in Hong Kong vengono usate perché offrono una serie di vantaggi che non si trovano in altre giurisdizioni:
Hong Kong adotta il sistema legale britannico.

- Entrambe le lingue, inglese e cinese, hanno la stessa dignità legale.
- L'imposizione fiscale è fra le più basse, 16,5% sui profitti netti e solo sui profitti conseguiti in rapporto ad attività di commercio nella circoscrizione di Hong Kong.
- C'è la completa esenzione fiscale per i profitti conseguiti off shore (offshore income) non generati direttamente nell'area territoriale della giurisdizione di Hong Kong.

- Alle società offshore di Hong Kong è permesso designare titolari e direttori nominali.
- Hong Kong è garanzia di stabilità politica e sociale.

La giurisdizione di Hong Kong gode di una grandissima libertà per attività finanziarie, non esistono restrizioni per inviare o ricevere fondi da e per ogni parte del mondo.
Hong Kong è uno dei maggiori centri di scambio internazionali, con un sistema di infrastrutture e trasporti modernissimo ed efficiente.
Hong Kong ha un ottimo sistema bancario internazionale a costi contenuti. Nella circoscrizione di Hong Kong si usufruisce della disponibilità di personale specializzato con un alto grado di competenza tecnica, logistica, bancaria e finanziaria.
Le procedure di costituzione e cessazione di società offshore a Hong Kong sono relativamente semplici e i relativi costi sono molto contenuti.
Per le società offshore di Hong Kong che investono in Cina popolare tutte le procedure sono semplificate; le società offshore di Hong Kong hanno una serie di trattamenti privilegiati quando operano nelle giurisdizioni della Cina comunista (per le società offshore con sede a Hong Kong, è molto più semplice, per esempio, cambiare l'assetto proprietario di un'impresa in Cina, o aprire e chiudere uffici di rappresentanza).

Per costituire una società off shore a Hong Kong bisogna:
- Nominare almeno un titolare e un direttore; le due cariche possono essere tenute anche dalla stessa persona, la quale non ha obbligo di residenza a Hong Kong.

Per la costituzione e l'amministrazione di società offshore a Hong Kong non ci sono restrizioni sulla nazionalità di titolari azionisti e direttori. I documenti della società sono: l'atto costitutivo, lo statuto, un verbale di assemblea dei soci che approvano l'emissione di azioni e la nomina dei direttori. Il capitale minimo da sottoscrivere e versare per le società di Hong Kong è di 1 HK = 5 dollari.

E' necessario avere un domicilio a Hong Kong.
E' necessario avere un "company secretary" che può essere una persona fisica residente a Hong Kong ovvero una società registrata a Hong Kong.

- Il nome dell'azienda costituita come società offshore in Hong Kong può essere inglese, cinese o sia inglese che cinese.

Si ha il "Nominee Corporate Shareholder" quando un altro soggetto appare, come socio proprietario di quote di capitale o proprietario dell'intero pacchetto azionario di un'impresa, nei registri governativi al posto di quello reale. L'identità del vero proprietario o del vero socio è celata. I profitti del socio-proprietario reale possono essere tutelati attraverso la sottoscrizione di un atto formale ("declaration of trust") con le relative dichiarazioni e la firma anticipata dell'ordine di trasferimento del pacchetto azionario. Quando si renda necessario, le azioni possono essere trasferite al proprietario reale. In questo caso il proprietario reale formalmente possiede le azioni a partire dalla data di costituzione della società e non dalla data di trasferimento delle azioni, tutelando così la sua identità e le sue proprietà. Per le ditte che operano in Hong Kong, cioè che comprano e vendono nell'area ristretta della giurisdizione di Hong Kong, questo discorso non si fa e i dati del reale proprietario devono essere disponibili nei pubblici registri a visure da parte dei terzi. Bisogna quindi fare degli accordi particolari per mantenere i dati confidenziali ma non è possibile celarli. Il servizio azionisti nominali vale solo per le società offshore. Ciò detto, quando si apre il conto offshore, alla banca bisogna chiarire bene chi è il proprietario reale e chi è il proprietario nominale. Sarà il proprietario reale ad accedere ai conti e solo lui o persone delegate da lui (per esempio il direttore o chiunque altro che depositerà la firma in banca per volontà del proprietario reale). Per quanto concerne le altre operazioni commerciali, è sempre facoltà del proprietario reale svelare la sua posizione di volta in volta.

- Si ha il "Nominee Corporate Director" quando un soggetto diverso da quello reale appare come amministratore delegato di una data società nei registri ditte istituiti dalle autorità governative. L'identità del reale amministratore, di colui che controlla realmente le operazioni commerciali della società offshore di Hong

Kong, è celata.

Al fine di tutelare gli interessi dell'amministratore reale e la sicurezza del direttore "nominale", bisogna preparare una serie di scritture preventive. Per quanto riguarda il conto offshore, come si è visto nella sezione dedicata ai soci azionisti nominali delle società offshore di Hong Kong, i rapporti reali devono essere dichiarati alla banca e le firme che si depositano in banca saranno solo quelle autorizzate ai reali movimenti bancari, a prescindere da quale sia la posizione formale dei soci o dei direttori/amministratori della società offshore di Hong Kong nei registri ditte di Hong Kong e negli altri atti pubblici. Questi "Nominee Corporate Shareholder" e "Nominee Corporate Director" sono soggetti nominali; sono persone fisiche o giuridiche che non fanno niente altro che depositare firme legalizzate presso gli enti pubblici e figurare nei registri ditte degli enti governativi e della camere di commercio di Hong Kong SAR; non compiono operazioni di nessun tipo e non avranno deleghe a fare nulla salvo che non sia il cliente a richiederlo.

Per costituire una società off-shore a Hong Kong, per prima cosa bisogna decidere se si vuole formare una società offshore scegliendo:

- Una ready-made company. Si sceglie un nominativo per la società offshore da una lista di ragioni sociali disponibili. Si forniscono i dati anagrafici dei soci e dei direttori della società. Si nomina il Company Secretary che rappresenterà la società offshore a Hong Kong. Si registra un domicilio per la società offshore a Hong Kong. Apposite società di consulenza preparano i documenti che sono da firmare, li spediscono e li ricevono firmati assieme al saldo delle competenze; quando il kit completo dei documenti è pronto consegnano tutto il materiale in originale. Tutto il procedimento richiede circa 9 giorni lavorativi.

- Una nuova tailor-made company. Bisogna individuare tre nomi possibili per la ragione sociale della società offshore, fornendo i dati anagrafici di soci e direttori. Bisogna nominare il Company Secretary che rappresenterà la società offshore Hong Kong presso le autorità amministrative della giurisdizione di Hong Kong.

- Bisogna registrare un domicilio per la società a Hong Kong. Apposite società di consulenza preparano i documenti che sono da firmare, li spediscono e li ricevono firmati assieme al saldo delle competenze; quando il kit completo dei documenti è pronto consegnano tutto il materiale in originale. Tutto il procedimento richiede circa 16 giorni lavorativi.

In Hong Kong ogni società e ogni società offshore devono presentare una dichiarazione dei redditi su base annuale. L'anno fiscale chiude il 31 marzo ma le società offshore possono scegliere tranquillamente anche un'altra data. Per la piccola e media impresa registrata a Hong Kong come società offshore, la gestione dei libri contabili e le revisioni si chiudono su base annua. Alcune delle formalità obbligatorie da espletare annualmente sono:

- Rinnovo della licenza (BRO, business registration office).
- Dichiarazione annuale per il registro ditte (CR, Company Registry); da compilare anche se non sono intervenute variazioni nell'assetto della proprietà della società offshore di Hong Kong.
- Dichiarazione dei redditi presso IRD (IRD, Inland Revenue Department); dichiarazione dei redditi della società offshore di Hong Kong e dichiarazione dei redditi salariali dell'eventuale personale dipendente della società presente sul territorio di Hong Kong; per questo è obbligatoria la tenuta di appositi libri sociali.

Le dichiarazioni vanno presentate anche in assenza di redditi da dichiarare.
Per cessare una società a responsabilità limitata a Hong Kong, si può provvedere alla:

- Cancellazione dal registro ditte; bisogna pagare 4.000 HK$ che comprendono le imposte e le competenze.
- Liquidazione (winding up). La liquidazione può essere volontaria o coatta; in caso di liquidazione volontaria da parte dei soci proprietari ci sono alcune formalità da espletare, presentare delle dichiarazioni e dimostrare che non ci sono insolvenze; si pagherà in questo caso un importo di HK$ 40.000, che include tutte le imposte e le spese di registrazione.

Inghilterra

L'Inghilterra è da sempre la più classica delle giurisdizioni europee con il suo background dalla bassa burocrazia e le sue moderate aliquote fiscali. In Inghilterra possono essere formate società LTD (società per azioni) in grado di svolgere ogni tipo di business in Europa e fuori.
Le caratteristiche principali delle LTD inglesi sono:
Forma societaria: LTD (società per azioni).
* Capitale sociale minimo consigliato 100 sterline.
* Direttore: persona fisica di qualunque residenza e nazionalità. Servizi nominee eventualmente disponibili.
* Numero di shareholder minimo: 1.
* Shareholders: nessun vincolo nè di cittadinanza nè di residenza, possono anche essere persone giuridiche.
* Shareholders: nominativi, infatti, non esistono le azioni al portatore. Volendo è disponibile il servizio nominee sugli shareholders.
* VAT: possibilità di avere il VAT (IVA) europeo.
* Contabilità: ordinaria senza revisione sotto un certo valore di fatturato.
* Tassazione: tra il 22 e il 28% dell'utile netto.
* Reputazione internazionale: ottima.
* Piazza finanziaria: stabile e rinomata.

Nell'ambito della costituzione di una società inglese in Inghilterra, va valutato il regime fiscale da applicare.
In particolar modo il fatto che la società sia fiscalmente residente in Inghilterra o meno. Da questo aspetto dipendono gli accordi impositivi con gli altri paesi europei e quindi i vantaggi di ordine fiscale nel lavorare con altri organismi all'interno della comunità europea. La vostra società inglese può inoltre essere costituita tramite una società offshore (seychelles ad esempio), al fine di mantenere riservato il nome dei soci beneficiari della società e quindi ottenere un grado ancora maggiore di privacy.
Normalmente per questo scopo possono venire utilizzate società della giurisdizione delle Seychelles, che è attualmente tra le

migliori giurisdizioni offshore al mondo.

Gli adempimenti di maggiore rilevanza di una società inglese sono: VAT returns (ovvero la presentazione trimestrale di rapporti circa le transazioni VAT-rilevanti), Annual return (ovvero la compilazione nel rapporto di fine anno sulla struttura societaria), il bookkeeping (ovvero la tenuta contabile dei movimenti fiscali della vostra società) e il bilancio di fine anno, che va presentato alle autorità fiscali del paese al termine di ogni anno fiscale. Le società in Inghilterra permettono quindi di avere una società per azioni con capitale a piacere, anche minimo, in territorio europeo, in un paese affermato e prestigioso e con la possibilità di lavorare con tutto il resto di Europa in modo semplice e sereno, con poca burocrazia rispetto a molti altri paesieuropei ad altissima burocrazia.

Se il business della vostra società viene svolto in Europa diventa necessario l'utilizzo del VAT europeo (partita IVA europea) al fine di potere gestire correttamente l'applicazione dell'IVA secondo le norme europee. A questo scopo è possibile aprire una posizione VAT in un paese europeo come l'Inghilterra, anche se la vostra società non è inglese. Perchè proprio in Inghilterra vi chiederete? Perchè questo paese possiede un sistema burocratico semplice e accessibile e la burocrazia, abbastanza snella, permette una gestione attrattiva e quindi economica. Una volta che è stata aperta la VAT sulla vostra società, naturalmente, dovrete sottoporre i VAT returns con cadenza almeno trimestrale sulla base delle transazioni svolte dalla vostra società. I Nominee services sono servizi fiduciari attraverso i quali si può amministrare una società senza comparire direttamente come amministratore nei pubblici registri. Questi servizi sono, di fatto, molto utilizzati e sono applicabili a: società Cipro, società Inghilterra, società Scozia, società Delaware USA, società Seychelles e, anche se in un modo differente, anche alle società Svizzere. Il maggiore interesse viene ottenuto specialmente sulle società Inglesi e Cipriote per le quali tale servizio è, infatti, moltoutilizzato.

Isole Bahamas

Le Bahamas sono costituite da circa 700 isole e 2.500 atolli chesi sono diffuse a oltre 750 miglia nell'Oceano Atlantico. In realtà sono abitate solo alcune di queste isole. Le Bahamas sono uno dei migliori paradisi fiscali dei Caraibi e,come Anguilla, è un paradiso fiscale dove non si pagano tasse. Quindi non c'è nessuna:

- Imposta sul reddito.
- Imposta sulle società.
- Imposta di successione.

Bahamas è veramente una giurisdizione senza tasse e non riscuote neanche eventuali imposte sulle vendite. E questa situazione favorevole si applica a tutti, anche a società e trust. Ci sono ottimi collegamenti e l'aeroporto ha voli giornalieri mezza dozzina da Miami e altre destinazioni principali come Londra e New York. Per i residenti Americani le Bahamas sono particolarmente interessanti, perché è il paradiso fiscale più vicino agli Stati Uniti. Si può impiegare 45 minuti a volare da Florida a Nassau. Le Bahamas sono relativamente a bassa criminalità, anche se a Nassau c'e' un alto livello di consumo di droga tra la gente del posto. Anche se le Bahamas non hanno praticamente nessuna tassazione, il governo deve avere delle entrate da qualche parte. Questo lo fa facendo pagare tasse di licenza alle società, imposta di bollo, tasse di proprietà e, peggio di tutto, tasse all'importazione. I dazi all'importazione in media sono del 40% quindi se si ha intenzione vivere alle Bahamas, il problema principale è l'alto costo della vita.
Le Bahamas sono una delle mete più popolari tra i paradisi fiscali dei Caraibi. Il settore bancario è enorme e ha acquisito un'ottima reputazione come location per offshore banking.
Tuttavia, è giusto dire che il suo appeal si e' indebolito leggermente tra i residenti Americani in seguito alla firma di un accordo per lo scambio di informazioni (IEA) con il governo americano. Tuttavia, le Bahamas offrono ancora un'eccellente riservatezza ai residenti di altri paesi.

L'AIE permette all'US Internal Revenue Service di ottenere dettagli dei conti offshore tenuti dai residenti americani e oltrepassare il segreto bancario di solito rigoroso delle Bahamas. Si noti che molti dei 'grandi' paradisi fiscali hanno firmato accordi con l'AIE, comprese le Isole Cayman, Bermuda e Jersey. Se si cerca un paradiso fiscale che non abbia accordi, provate con Anguilla che, sebbene abbia un trattato di mutua assistenza giudiziaria UK-USA, esclude espressamente reati fiscali. Per diventare residente nelle Bahamas è necessario ottenere unpermesso di soggiorno.

Questo può essere difficile a meno che non si è inviati a lavorare lì o si è disposti a investire notevoli somme di denaro. Generalmente i lavori non sono aperti agli stranieri, a meno che non si dispone di una particolare abilità che non è disponibile localmente. Se si ha bisogno di un permesso di soggiorno è necessario farne richiesta al Consiglio di amministrazione dell'immigrazione a meno che uno siate uno dei principali investitori internazionali o abbiate in programma di acquistare unimmobile alle Bahamas per almeno 500.000 dollari; il rilascio di un permesso di soggiorno è altrimenti improbabile. Le proprietà nelle Bahamas tendono a essere più costose che in altri paesi dei Caraibi (ad eccezione delle Isole Cayman), e ci si può aspettare di pagare circa 1 milione di dollari per una bella struttura fronte mare di quattro camere da letto.

Isole Bermuda

Le Bermuda hanno un'enorme fetta di mercato per la costituzione di società off-shore, che ha oltre 12.000 aziende internazionali, e alcune delle grandi società FTSE e Fortune 100 società holding offshore sono costituite lì. È particolarmente popolare per le aziende americane data la sua posizione geografica. Tuttavia, più importante è il fatto che le Bermuda offrono esenzioni fiscali alle società costituite sotto disposizioni speciali come società esenti e offshore.

E' anche un paese abbastanza bene sviluppato con eccellenti comunicazioni e servizi professionali e offre un'eccellente stabilità politica. Uno dei motivi principali per il numero di società offshore alle Bermuda, però, è a causa dei regolamenti Captive Insurance. Le Bermuda hanno un enorme mercato vincolato alle assicurazioni. Essenzialmente questo regolamento consente alle aziende di 'auto-assicurare' le proprie passività ed è una forma popolare della tassa di pianificazione per garantire una deduzione fiscale per i premi assicurativi e roll-up contanti esentasse alle Bermuda.

Si noti che, come le Bahamas, le Bermuda hanno firmato un accordo di scambio di informazioni (IEA) con gli Stati Uniti e quindi qualsiasi cittadino degli Stati Uniti potrebbe ritrovarsi l'IRS a chiedere informazioni su eventuali interessi maturati su un conto bancario delle Bermuda. Questo non si applica alle altre autorità fiscali e al segreto bancario fondamentale, a meno che non vi siano prove di attività criminali.

Si noti che un vantaggio per Bermuda al momento è che sono escluse dall'impatto della direttiva UE sul risparmio fiscale.

Isole Cayman

Le Cayman, coinvolte nello scandalo Enron, sono tornate alla ribalta con il crollo di Parmalat. Nell'arcipelago sono presenti più di 850 tra banche e compagnie fiduciarie, e tra queste vi si sono stabiliti 40 dei 50 più importanti gruppi bancari del mondo. Per avere un'idea dei costi dell'evasione fiscale "legale" basti pensare che nelle Cayman con 7.000 euro si può costituire e mantenere una società offshore, una cifra irrisoria rispetto al volume di tasse che si riesce a evitare. Niente ritenute d'acconto sui dividendi, nessuna tassa sui redditi, né sul capital gain. Tuttavia, l'accordo firmato a New York dal segretario del Tesoro americano Paul O'Neill e dal governatore delle Isole Cayman Peter Smith, con il quale l'arcipelago caraibico ratifica il suo ingresso nella cosiddetta coalizione antiterrorismo, sembra, infatti, il preludio alla fine di uno dei più famosi paradisi fiscali del mondo. Il testo prevede l'abolizione del segreto bancario sui conti sospetti di manovre finanziarie illecite, cioè la scomparsa della caratteristica che ha fatto delle Cayman un territorio senza legge caro a tutte le persone impegnate in azioni di riciclaggio di denaro sporco, evasione fiscale e frode internazionale. L'accordo ha sollevato entusiasmo in ambienti diversissimi tra loro: il Gruppo di Azione Finanziaria Internazionale dell'Ocse (Gafi).
Le Isole Cayman certamente offrono i tradizionali benefici dei paradisi fiscali, dato che attualmente non hanno:
- Imposta sul reddito o imposta sulle società.
- Plusvalenze.
- Imposta di successione o altre imposte immobiliari.

Il governo genera il relativo reddito da imposta di bollo, dai dazi doganali e dalle tasse annuali delle società.
Alcune proprietà sulla spiaggia vanno da $ 500.000 che per le Cayman sono a buon mercato. Le proprietà sulla spiaggia di alta qualità vanno tra 3 milioni di dollari a 4 milioni di dollari. Le Cayman sono note per essere estremamente sicure e mentre c'è qualche piccola criminalità per i reati più gravi la criminalità è

praticamente inesistente.
- La nomina delle Cayman come uno dei migliori paradisi fiscali del mondo è supportato dal fatto che è il più grande centro bancario off-shore al mondo con oltre 600 banche.

Le Cayman forniscono alle società esenti da tasse, Trust e partnership esenti un certificato di 50 anni dell'esenzione fiscale contro qualsiasi futuro onere fiscale da parte delle Isole Cayman. Questo è particolarmente popolare visto che fornisce un elemento di sicurezza per qualsiasi investitore.

Le Cayman sono ben note per la loro riservatezza (sempre importante per un paradiso fiscale) e l'atteggiamento prevalente è quello di proteggere la riservatezza ove possibile. Un potenziale pericolo è l'accordo sullo scambio di informazione (AIE) firmato con gli Stati Uniti. Il contratto specifica che le Isole Cayman condivideranno le informazioni con il governo per aiutarlo a rintracciare i criminali finanziari. Si applicherà anche la direttiva UE del risparmio fiscale. Questo certamente mina la reputazione delle Cayman per la segretezza. L'AIE, si applica a condizione che il governo abbia il sospetto che un reato sia stato commesso e quindi può richiedere accesso ai conti bancari delle Cayman. L'AIE si applica anche alle indagini civili dal 2006.

Le Cayman quindi hanno strappato la loro precedente politica di riservatezza e, date le appropriate circostanze, daranno informazioni sulla proprietà beneficiari delle società offshore e trust dove cittadini o residenti americani sono coinvolti.

Naturalmente questo è di solito solo un problema di un residente (o cittadino) US se non dichiara il suo reddito off-shore per l'US IRS. Come con la maggior parte dei paradisi fiscali dei Caraibi, se si desidera ottenere la residenza è necessario dimostrare di disporre di sufficienti redditi o contanti per sostenere se stessi e la famiglia. Dato il suo status di bassa imposizione le Cayman sono spesso utilizzate come una sosta per gli individui ricchi che emigrano negli Stati Uniti. In genere si fermano in paradisi fiscali come questo per il trasferimento di beni a società off-shore o Trust prima di diventare U.S. residenti e soggetti alle loro imposte sul loro reddito mondiale e guadagni in conto capitale.

Le Cayman hanno una serie di vantaggi che hanno contribuito a stabilire la sua reputazione come un centro off-shore, tra cui:

- Eccellente stabilità politica.
- Nessun cambio controlli e fondi possono essere spostatiliberamente dentro o fuori.
- Tradizionalmente ottime leggi sulla privacy (anche se questi sono ora state leggermente erose).
- Vicinanza agli Stati Uniti.
- Comunicazioni eccellenti.
- Sofisticati servizi legali, contabilità e servizi bancari.

Le società esenti da tassazione delle Cayman sono abbastanza attraenti visto che consentono le azioni al portatore e l'uso degli azionisti del prestanome. Questi consentono di mantenere le partecipazioni dalle aziende delle Cayman private. I nominee share holders, in particolare, sono destinati a mascherare il vero proprietario di una società.

Lo svantaggio è che generalmente costerà di più costituire una società offshore IBC alle Cayman che in altre giurisdizioni come Costa Rica, St. Kitts Nevis o Mauritius. Il costo di tale società offshore IBC Cayman è tra i 3.000 e i 4.000 dollari, considerandoche una IBC in Costa Rica potrebbe essere formata per la metà del costo.

Isole del Canale Jersey

L'isola di Jersey è un regno indipendente legato alla corona britannica; qui ci sono circa 30 mila società offshore.

Secondo il direttore della Commissione per i servizi finanziari, Jersey non deve essere considerata un paradiso fiscale, poiché scambia informazioni con le autorità degli altri paesi, e ha una legislazione contro i riciclatori di denaro sporco e le frodi finanziarie. Fatto sta che a Jersey ci sono oltre 200 filiali degli intermediari finanziari più importanti del mondo.

- Questo paradiso fiscale accoglie malamente gli stranieri con meno di "10.000.000 di euro" nel portamonete, e senza una posizione di prestigio in una qualche multinazionale come, ad esempio, la Nestlé.

Guernsey e Jersey sono isole incantevoli e fanno parte delle isole del canale e si trovano tra Inghilterra e Francia. Sono entrambe autogovernate e dipendono dall'Inghilterra, sono famose per il loro status di paradiso fiscale. Oltre a non avere alcuna plusvalenza fiscale, non c'è alcuna tassa di successione o IVA nelle isole del canale. La tassa principale che i residenti devono pagare è l'imposta sul reddito, che è fissato a un tasso forfettario del 20%. Anche se ragionevolmente bassa, se si ha un reddito notevole ci sono altri paradisi fiscali che possono essere migliori. I prezzi degli immobili sono abbastanza alti rispetto a molte regioni del Regno Unito ma più ragionevoli di molte altre parti del sud est. Una villetta a schiera di due camere di solito costa circa 400.000 euro.

È essenziale far notare che è quasi impossibile per la maggior parte delle persone ottenere la residenza permanente a Jersey.

Uno dei principali fattori per la residenza in Jersey è quanto una persona può contribuire in termini di tasse. Sono considerati solo i multimilionari e preferibilmente quelli con reddito di almeno 650.000 euro. Ci sono anche alcune restrizioni sulla proprietà. Tuttavia, non c'è nulla che impedisce di istituire un Trust off- shore o società sulle isole. Guernsey e Jersey offrono un regime di società offshore ottimo.

Isole Vergini

Le Isole Vergini Britanniche fanno parte dell'arcipelago delle Isole Vergini nel Mar delle Antille, ripartito tra Regno Unito e Stati Uniti d'America. È un arcipelago che si estende fra l'Oceano Atlantico e il Mar dei Caraibi, con Puerto Rico a oveste il gruppo delle Isole Leeward a est. Cristoforo Colombo fu il primo a scoprire l'arcipelago nel 1493. Le Isole Vergini Britanniche vanno definitivamente sotto la corona britannica nel 1672 godendo di un fiorente periodo di sviluppo grazie all'impegno dei coloni inglesi che vi si stabilirono e che incrementarono la coltivazione della canna da zucchero e del cotone. La prima capitale dell'arcipelago fu Virgin Gorda che fu sostituita nel 1742 con Road Town, nell'Isola di Tortola. (BVI, Isole Vergini Britanniche). Le Isole Vergini Britanniche sono ancora parte integrante del Commmonwealth britannico: il governatore viene nominato dalla regina del Regno unito ed il primo ministro viene eletto a suffragio universale. Le Isole Vergini Britanniche, tutte di origine vulcanica ad eccezione di Anegada, che è un'isola corallina, contano una sessantina fra scogli, lembi di terra e isole, in maggior parte non abitate.
Le bellezze naturali fanno dell'arcipelago delle Isole Vergini Britanniche un vero e proprio paradiso tropicale, con isole deserte dalle bianche e solitarie spiagge; la politica di protezionee l'istituzione del Parco Nazionale delle Isole Vergini Britanniche, per volontà del miliardario americano Rockefeller, ha permesso al mare dell'arcipelago di conservare intatto il proprio colore azzurro. Giunti alle Isole Vergini Britanniche, si viene accolti dal profumo dell'aria, dal brillante colore dei fiori di zenzero e dai variopinti ibisco; grazie agli alisei, che soffiano tutto l'anno, il clima è costantemente mite e asciutto.
Le Isole Vergini Britanniche, oltre all'agricoltura, basano la loro economica sul turismo e sull'intensa attività finanziaria, che riguarda le contrattazioni di capitali, titoli, azioni e simili; oltre alsistema bancario e alle società finanziarie si ha una massiccia presenza di società offshore. Circa mezzo milione di aziende

estere (società e banche), nel corso del ventennio passato, hanno optato per registrasi o aprire appositi sportelli e uffici all'interno
della giurisdizione delle Isole Vergini Britanniche; la scelta di costituire società offshore alle Isole Vergini Britanniche deriva soprattutto dalla bassa imposizione fiscale attuata e dall'assenza di norme e misure restrittive sulle transazioni finanziarie.

• L' industria dei servizi finanziari offshore alle Isole Vergini in pochi anni, a partire dal 1970, favorì la costituzione di migliaia di società offshore; anche ai giorni nostri, in questi anni di crisi mondiale e di recessione strutturale, una moltitudine di società viene costituita in regime offshore a guardia di patrimoni e conti bancari grandi, medi e piccoli.

Patrimoni invisibili che l'oppressione fiscale non è riuscita ad asportare, come i galeoni spagnoli, in fondo al mare, con i tesori che i pirati non riuscirono a depredare. Quanti segreti rimangono inabissati alle Isole Vergini Britanniche e quante bellezze naturali si godono i banchieri e gli affezionati del turismo di élite e della finanza offshore. Il sistema fiscale italiano, col Decreto Ministeriale 4 maggio 1999 ha inserito le Isole Vergini Britanniche tra gli Stati o Territori aventi un regime fiscale cosiddetto "privilegiato", nella cosiddetta "Lista nera" (che è detta "lista nera" solo in Italia, perché non è una lista coerente con i rilievi dell'OCSE, né con la cosiddetta "lista nera" indicata dall'OCSE), ponendo alcune complicazioni procedurali alle normali operazioni e ai rapporti economico commerciali che si intrattengono tra le aziende italiane e i soggetti economici residenti in tale territorio. Le Isole Vergini Britanniche sono attualmente il centro offshore più importante a livello mondiale per la domiciliazione di società offshore.
Ci sono almeno 300.000 società di affari e società commerciali estere registrate nel centro finanziario offshore delle Isole Vergini Britanniche e questo dato aumenta con un ritmo di più di
nuove società costituite al mese. Quindi, nelle Isole Vergini Britanniche, l'industria dei servizi finanziari offshore è quella dominante nel piccolo e meraviglioso paradiso tropicale dei

Caraibi. L'ordinamento giuridico che interessa le operazioni delle aziende dedite al commercio internazionale delle Isole Vergini Britanniche fu aggiornato nel 1984 e da allora è stato uno dei fattori principali che hanno contribuito allo straordinario ed eccezionale successo delle Isole Vergini Britanniche come il principale centro finanziario offshore del mondo.

Vantaggi:

- Esenzione fiscale sul reddito per le società offshore.
- E' sufficiente la presenza minima di un azionista e di un direttore per costituire una società offshore nelle Isole Vergini Britanniche.
- Il capitale minimo per registrare una società offshore nelle Isole Vergini Britanniche è di US$1 (un singolo dollaro americano).
- Non è previsto nessun requisito obbligatorio nella preparazione del bilancio e non è obbligatoria la nomina di sindaci (vedi: collegio sindacale).

Limitazioni:

- Le società offshore registrate nelle Isole Vergini Britanniche non sono autorizzate ad intrattenere rapporti commerciali o d'affari con persone (fisiche e giuridiche) residenti nella giurisdizione territoriale delle Isole Vergini Britanniche.
- Non sono autorizzate neppure ad acquisire e possedere proprietà immobiliari nel suddetto territorio o a detenerne quote di proprietà a qualsiasi titolo.
- Ci sono alcune attività d'affari che non sono comprese inqueste restrizioni, o vengono interpretate come attività diverse da attività d'affari o commerciali nella giurisdizione delle Isole Vergini Britanniche.

Sono pertanto autorizzati e benvenuti:

- L'apertura e il mantenimento di conti bancari e l'utilizzo dei servizi delle aziende professionali e di consulenza. Il mantenimento delle scritture contabili presso aziende delegate.

- La tenuta di riunioni fra azionisti e direttori di varie società.
- La stipula di contratti di locazione d'immobili per uso ufficio.
- Il possesso di titoli azionari o d'altri titoli rappresentativi di capitale di altre società registrata nelle Isole Vergini Britanniche.

Requisiti indispensabili per aprire e registrare una società offshore nelle Isole Vergini Britanniche sono:

- Almeno 1 azionista e 1 direttore devono registrarsi.
- Capitale sociale: almeno 1 dollaro USA deve essere versato.
- Residenza della società offshore registrata presso lo statooffshore.

È possibile scegliere fra:

- Tailor Made Company:

Presentare almeno 3 nominativi possibili tra i quali scegliere la ragione sociale.

indicare almeno un azionista e un direttore (può essere anche la stessa persona fisica).

Dopo la nostra conferma che il nominativo indicato può essere usato per la ragione sociale, vi spediamo i documenti da presentare per la costituzione della società offshore.

I documenti sottoscritti ci verranno ritornati per posta contestualmente all'inoltro dell'anticipo del 50% del totale spese e commissioni concordato.

Una volta che l'atto costitutivo è disponibile, la società è in grado di iniziare ad operare; l'intero processo non richiede normalmente più di 15 giorni lavorativi.

- Ready Made Company:

Il socio fondatore della società offshore (committente) sceglierà una ragione sociale da un elenco di nominativi di società già registrate maposte in sospensione di attività.

Il committente vorrà indicare i dati di un direttore e di un socio proprietario (azionista); una sola persona fisica può essere contemporaneamente socio azionista e direttore.

Il committente vorrà anticipare l'invio degli importi relativi a onorari e spese.

L'intero processo, mediamente, non richiede più di 6 giorni lavorativi.

Liechtenstein

Il Principato del Liechtenstein non fa parte dell'Ue pur appartenendo allo spazio economico Cee. Ai non residenti che non lavorano nel territorio del Principato è consentito di godere di un regime fiscale speciale. Per questi soggetti esistono però limitazioni sui permessi di residenza e sull'acquisto di immobili. L'attività offshore è gestita attraverso Ag (Aktien Gesellschaft, ossia spa), fondazioni, trust, cooperative e ditte individuali. Le Ag sono utilizzate per gestire e proteggere patrimoni; i trust e le fondazioni per organizzare benefici particolari. La cooperativa è costituita per sostenere i soci che vi partecipano e se organizzata per fini commerciali necessita dell'iscrizione a un registro pubblico. Per quanto riguarda i costi di avvio e mantenimento di entità offshore, il Liechtenstein è il centro più costoso.

Il Principato del Liechtenstein fa parte, contrariamente alla Svizzera, dello SEE (Spazio Economico Europeo, senza essere membro UE) partecipando e collaborando attivamente per una Europa Comune, ma mantenendo la sovranità fiscale assoluta, il segreto bancario assoluto. Con ciò si è assicurato un riconoscimento fondamentale con accesso al libero mercato europeo. Tuttavia l'eventuale adesione all'Unione Europea non viene neppure presa in considerazione né dal Principe né dalle autorità locali perché ciò annullerebbe entrate enormi per il piccolo Principato. Inoltre il Liechtenstein é membro di numerose Organizzazioni Internazionali e dal 1990 é diventato il 160° membro dell'Organizzazione delle Nazioni Unite ONU.

Il Liechtenstein è anche uno dei 35 Stati che partecipano alla Confederazione sulla Sicurezza e sulla Cooperazione in Europa (CSCE).

- La presenza attiva è apprezzata nel Consiglio d'Europa, nell'ONU, nella EFTA, nel WTO e nello SEE, così come nelle altre Organizzazioni Internazionali, ha consentito al Liechtenstein di avviare e curare proficui rapporti particolari diplomatici con numerosi Stati, per applicare a livello europeo e internazionale la libera circolazione di capitali, merci e servizi, e farsi riconoscere e apprezzare da tutta la Comunità internazionale, come Stato assolutamente sovrano, anche fiscalmente.

Il Franco Svizzero, valuta stabile, è il mezzo di pagamento legale, cioè la moneta ufficiale in virtù della convenzione monetaria tra il Principato e la Svizzera. Al contrario che in Svizzera e altre oasi fiscali, si possono detenere e amministrare patrimoni nel Liechtenstein, senza preoccuparsi e senza oneri fiscali sugli interessi maturati. Inoltre, non esiste nel Principato del Liechtenstein alcuna limitazione valutaria o relativi controlli dei cambi.

Il segreto bancario del Principato del Liechtenstein è per legge assoluto. La segretezza degli apporti bancari e la confidenzialità delle operazioni finanziarie, previsto dalle leggi del Liechtenstein, in combinazione con la presenza nel paese del regime offshore, offre delle ottime opportunità per l'investitore bisognoso della massima discrezione. Caso curioso: il famoso multi miliardo Aristotele Onassis deteneva e gestiva per il tramite di una fondazione del Liechtenstein, più della metà del proprio straordinario patrimonio.

Nei circoli bancari il Liechtenstein è considerato al riguardo l'ultimo vero bastione del segreto bancario.

- Il Liechtenstein attribuisce alla sfera privata priorità assoluta, probabilmente non benvisto dalle autorità fiscali straniere, e, quindi, un valore molto più alto rispetto, ad esempio, alla pur sicurissima Svizzera.

In numerosi Paesi ad alto tasso fiscale esiste la tendenza a impiegare convenzioni fiscali bilaterali (contro la doppia imposizione) che servono però allo scambio di informazioni e quindi come strumenti di controllo fiscale totale.

Il Liechtenstein ha una convenzione solamente con l'Austria, che però riguarda esclusivamente il reddito dei lavoratori frontalieri austriaci impiegati nel Liechtenstein. Il che la dice lunga circa l'ermeticità e la sicurezza offerte dal Liechtenstein ai suoi conti bancari e alle sue società ivi domiciliate.

Il fatto che il Principato del Liechtenstein non conosca alcuna imposta alla fonte o sugli interessi, a parte la convenzione per i lavoratori austriaci, comporta per l'investitore locale e straniero condizioni assolutamente favorevoli per tutte le forme di investimento in qualsiasi valuta.

Nel Principato del Liechtenstein è molto facile incaricare un commercialista o un avvocato al fine di costituire fiduciariamente, quindi nel più assoluto anonimato, una società, una fondazione o un trust, i quali pagano unicamente un'imposta forfetaria di 1.000 franchi svizzeri annui, indipendentemente dal fatturato o dall'utile conseguiti. Inoltre queste società possono appartenere nella misura del 100% a stranieri, a società di ogni tipo o anche a una sola persona. Il fondatore o azionista, sono di norma stranieri e non devono avere la residenza o il domicilio nelLiechtenstein.

E' però prescritto dalla legge, che il rappresentante legale e l'amministratore locale necessariamente abilitato dal Governo, debba obbligatoriamente risiedere nel Liechtenstein. Per questa ragione occorre far capo a un commercialista o a un avvocato del luogo.

- Le assemblee generali e le delibere per le Holding, Fondazioni, Società e i Trusts possono essere convocate e avere luogo ovunque, e cioè anche al di fuori del Principato del Liechtenstein.

Se richiesto dal cliente, si possono quindi tenere delle assemblee societarie direttamente al suo domicilio all'estero. Come unico Paese del Continente Europeo, il Liechtenstein conosce e applica autonomamente il concetto anglosassone di Trust. La solidità delle banche locali è internazionalmente riconosciuta e apprezzata sia per i risultati finanziari, sia per il segreto bancario assoluto ivi regnante. Per questo motivo, negli ultimi anni, grandi Banche Europee vi hanno costituito oltre una dozzina di succursali, astrette alla legislazione fiscale e al segreto bancario del Liechtenstein. Il Liechtenstein gode di molta fiducia, anche perché opera con grande professionalità, garantendo e offrendo una serie di servizi molto attraenti sia agli operatori e consulenti commerciali, fiscali, legali e finanziari, sia ai privati di tutto il mondo, cioè a tutti gli operatori economici. Con il termine Società di sede o Società domiciliata si intende un'impresa che ha la sua sede legale nel Liechtenstein, ma che non offre servizi o merci a soggetti del posto, cioè non svolge altra attività commerciale sul territorio, bensì unicamente all'estero, vale a dire al di fuori del territorio del Liechtenstein. Entrate e utili provenienti dall'estero rimangono conseguentemente esenti da tasse nel Liechtenstein.

Le norme attuali, che regolano l'attività imprenditoriale nel Liechtenstein è in vigore fin dagli anni 1920. Anche se non viene citato il termine "offshore", viene comunque fissata un'aliquota pari a zero del reddito conseguito dalla società oltre i confini territoriali. Si prevedono i seguenti tipi di società: "Anstalt", la società per azioni (AG) e le fondazioni.

Vi è inoltre, il Trust, caso unico in Europa continentale. Il capitale sociale minimo per la società per azioni è di 50.000 franchi svizzeri, mentre è di 30.000 per le società di tutti gli altri tipi.

Banche, Compagnie Assicurative, Fondi di Investimento

La costituzione di una nuova banca nel Principato del Liechtenstein era fino a poco tempo fa impossibile. Ora è possibile, quantunque la normativa sia assai restrittiva. É il motivo per cui vi sono attualmente soltanto 15 banche.

Importantissimo è il fatto che con la licenza bancaria liechtensteinese è possibile operare e aprire sportelli in ogni stato europeo, solo comunicandolo allo stato interessato, senza ulteriore licenza, essendo il Liechtenstein nello Spazio Economico Europeo, pur mantenendo l'assoluta sovranità fiscale, fuori da ogni tentata armonizzazione fiscale europea.

Il capitale sociale per una banca è di un minimo 10.000.000 di franchi svizzeri. Lo stesso vale per le compagnie assicurative liechtensteinesi. Disponendo della "single license", si può operare in ogni paese europeo, con una semplice comunicazione dell'autorità competente allo stato interessato. Per esempio: Le Generali hanno già costituito una sede nel Liechtenstein della compagnia assicurativa. Fondi di investimento liechtensteinesi e la relativa normativa sono stati creati per compensare cambiamenti in altre giurisdizioni europee, come il Lussemburgo per esempio, garantendo al cittadino europeo quella discrezione, vantaggi economici, addizionati al più assoluto segreto bancario e professionale.

Forme societarie:
- Società Anomima (S.p.A.) (in tedesco AG)
- Fondazione
- Anstalt
- Fiduciaria
- Trust Settlement

Società Anonima

Il fondatore di una Società Anonima non deve essere cittadino liechtensteinese e nemmeno risiedere nel Liechtenstein.
- Il Capitale sociale minimo è di 50.000 franchi svizzeri, che deve essere interamente versato dagli azionisti. Il capitale è a disposizione della Società Anonima immediatamente dopo la sua registrazione presso la camera di commercio.

Di norma dopo due giorni dalla firma degli atti costitutivi, l'azionista può sbloccare il capitale depositato e iniziare a operare con lo stesso. L'iscrizione della società nella camera di commercio del Liechtenstein è, infatti, velocissima. Le azioni possono essere nominali o al portatore. Normalmente, tutti i clienti richiedono, per ovvi motivi, l'emissione di azioni al portatore. Un'eventuale alienazione delle azioni può essere eseguita senza formalità particolari per le azioni al portatore, quindi in maniera del tutto anonima. Basta, infatti, la trasmissione "brevi manu" dei documenti. Non esistono prescrizioni riguardanti il numero minimo di azionisti. Nel caso vi siano più azionisti è tuttavia da preferirsi la società anonima che non la Anstalt. La Società Anonima é particolarmente indicata per attività commerciali, ad esempio, compravendita, produzione, distribuzione merci e servizi, gestioni di patrimoni mobiliari e immobiliari, partecipazioni. La società anonima è una forma sociale nota anche all'estero ed è preferita da tutti coloro che eseguono operazioni commerciali. Le Società Anonime possono avere come scopo sociale anche consulenze, intermediazioni, intestazioni di altri diritti, brevetti e licenze, quindi tutti gli scopi ammessi dalla legge. I detentori delle azioni possono rimanere totalmente anonimi, tramite l'emissione di azioni al portatore; sia i nomi dei fondatori che degli azionisti non sono noti nemmeno dalle iscrizioni alla camera di commercio, visto che le costituzioni avvengono fiduciariamente tramite un commercialista o un avvocato. La Società Anonima risponde solo con il capitale sociale. Le disposizioni legislative prevedono dettagliatamente la struttura organizzativa della Società Anonima per cui rimane un'autonomia di configurazionemolto ristretta; abbiamo, infatti:

- L'Assemblea degli azionisti
- Il Consiglio di Amministrazione.

Il Consiglio di Amministrazione è composto da uno o più membri. É indispensabile che almeno un consigliere abbia la residenza nel Liechtenstein e sia in possesso della relativa abilitazione di commercialista o avvocato, rilasciata dalle autoritàcompetenti. In pratica, il commercialista funge da filtro tra il cliente e il pubblico, in maniera da salvaguardare la privacydell'azionsita/cliente.
Le Società Anonime hanno l'obbligo di tenere la contabilità.
Il Bilancio ordinario deve essere inoltrato annualmente alla locale Amministrazione delle Imposte. In linea di principio le azioni al portatore possono essere utilizzate come titoli di garanzia. In questo caso è necessario mantenere la proprietà del titolo a disposizione del creditore. La legge prevede anche la figura del Certificatore del bilancio (Revisore). Tutto sommato il vantaggio della Società Anonima rispetto alle altre forme societarie consiste nel fatto che la Società Anonima è internazionalmente riconosciuta. Naturalmente, con la società anonima si possono aprire conti bancari e postali su tutto il territorio del Liechtenstein e in tutta Europa.

Fondazione

La Fondazione è una persona giuridica alla quale il Fondatore ha conferito il suo patrimonio con la contestuale perdita della proprietà che viene di riflesso acquisita dalla Fondazione stessa. Ovviamente può essere previsto il diritto di revoca a favore del fondatore. Nel caso di un'eventuale revoca, il patrimonio conferito dalla Fondazione ritorna al fondatore. Il Capitale sociale minimo è di 30.000 franchi svizzeri.

In teoria è possibile la costituzione anche con conferimenti non liquidi, ad esempio beni immobili, tuttavia, é consigliabile la costituzione con il versamento del capitale affinché venga salvaguardato l'anonimato del titolare della fondazione. Anche dopo la costituzione e quindi l'iscrizione nella camera di commercio, è possibile il conferimento di altri valori patrimoniali mobiliari e immobiliari a condizioni fiscali molto vantaggiose. Normalmente il fondatore si lascia rappresentare alla costituzione da un fiduciario. Questa soluzione garantisce il più assoluto anonimato. L'assoluta anonimità del fondatore e dei beneficiari è un vantaggio molto apprezzato in tutto il mondo e per questa ragione viene scelta la forma della fondazione per garantire al cliente di restare nell'anonimato rispetto ad autorità e fisco. La Fondazione risponde esclusivamente con il proprio capitale sociale. Lo scopo sociale della Fondazione può essere descritto nello Statuto in modo generico. Nello Statuto Complementare invece si trovano dettagliatamente tutte le norme e le condizioni volute dal fondatore, i beneficiari e le relative condizioni. La funzione della Fondazione è di norma quella di incrementare, amministrare e conservare il patrimonio. Queste forme societarie vengono usate ugualmente da famiglie per provvedere ai fabbisogni del fondatore e/o dei suoi familiari oppure di persone vicine al fondatore. Questi scopi possono essere previsti a lungo termine, come il caso del mantenimento della proprietà di beni immobili per intere generazioni. Le fondazioni sono, invece, meno adatte per scopi commerciali. L'amministrazione e la rappresentanza della Fondazione verso terzi è assicurata dal Consiglio di Fondazione che funge da suo Rappresentante. I suoi diritti e i suoi doveri possono essere regolati in modo dettagliato secondo le istruzioni del fondatore.

Almeno un consigliere deve avere la residenza nel Liechtenstein ed essere in possesso della relativa abilitazione governativa quale commercialista o avvocato. La Durata della Fondazione può essere limitata. Normalmente la durata della Fondazione é illimitata, cioè per più generazioni. La richiesta di un Beneficio da parte dei beneficiari può essere vincolato al possesso o adempimento di particolari condizioni. I beneficiari possono essere persone fisiche, persone giuridiche, istituzioni culturali e di pubblica utilità. Ovviamente il godimento dei benefici della Fondazione è possibile solo "vita natural durante". Se il fondatore lo richiede può essere lui il primo beneficiario e, in alcuni casi, l'unico. Gli altri beneficiari vengono indicati dal fondatore negli Statuti Complementari che non sono soggetti all'obbligo di registrazione al Pubblico

- Registro e garantiscono l'assoluta anonimità dei beneficiari. Il fondatore ha la facoltà di modificare in ogni momento gli Statuti Complementari.

Con gli statuti complementari è così possibile redigere norme testamentarie, di tal sorta che, in pratica, nella stragrande maggioranza dei casi, le fondazioni del Liechtenstein vengono utilizzate per garantire la trasmissione dei beni agli eredi o a persone designate quali tali. Ciò significa che si possono designare quali eredi/beneficiari anche persone estranee alla famiglia. Le "Fondazioni depositate" non hanno l'obbligo di tenere la contabilità, pertanto non è prevista la presentazione del Bilancio alla locale Amministrazione delle Imposte. La prassi consiglia comunque la regolare tenuta dei libri contabili soprattutto per informare i beneficiari sul tipo e sulla consistenza del beneficio.
La presentazione della consistenza patrimoniale non è specificamente richiesta in nessun caso. Il Consiglio di Fondazione ha tuttavia l'obbligo di produrre una dichiarazione in cui conferma che gli è nota la consistenza patrimoniale. Si tratta comunque di una pura formalità. La nomina di un Ufficio di Revisione non è obbligatoria per le "Fondazioni depositate". Affinché i conferimenti patrimoniali fatti alla Fondazione possano essere ulteriormente controllati e negli Statuti Complementari possono essere previsti ulteriori organi di

controllo. Se la Fondazione persegue scopi commerciali deve essere registrata al Registro Pubblico, però anche in questo caso viene garantita l'assoluta anonimità, perché nell'atto di registrazione viene annotata unicamente la figura del commercialista o dell'avvocato, ma non quella del fondatore e/o eventuali beneficiari. La richiesta della visura camerale della Fondazione è soggetta alla prova del possesso del diritto al beneficio. Il contenuto di questo documento non è accessibile a terzi: la camera di commercio è obbligata a rispondere solo sull'esistenza o meno della Fondazione.

Il fondatore mantiene la proprietà del patrimonio, essendo proprietario della fondazione e quindi dispone del patrimonio. Dell'investimento se ne può occupare direttamente o incaricare l'amministratore. Fondamentalmente, il fondatore si riserva così l'amministrazione del patrimonio, la configurazione della struttura e le strategie di investimento della Fondazione sia durante la sua vita sia dopo, con delle disposizioni che possono essere presenti negli Statuti Complementari. Inoltre è da ribadire l'assoluta sicurezza e garanzia giuridica per le generazioni future che possono così acquistare, essere intestatari e amministrare i valori patrimoniali della fondazione. Questo é un vantaggio fondamentale della Fondazione.

Gli aventi diritto all'eredità della Fondazione possono essere persone o istituzioni predefiniti dal fondatore stesso.

- I beneficiari, quindi, al contrario di quanto stabilisce la legge sulle successioni, possono non avere nessun rapporto di parentela con il fondatore. I beneficiari sono di regola gli eredi per legge o coloro che sono denominati dettagliatamente in uno Statuto Complementare.

Il Fondatore e successivamente il Consiglio di Fondazione (se incaricato) non sono vincolati a particolari forme giuridiche nell'emanazione dello Statuto Complementare. Vincolante è solo la volontà del Fondatore.

In caso di necessità, la Fondazione può essere protetta contro procedimenti dei creditori. Il patrimonio della Fondazione rimane intoccabile anche quando il suo fondatore è soggetto a procedura fallimentare. Per questa ragione, la fondazione viene talvolta utilizzata per altri fini che non quella della semplice conservazione trasmissione dell'eredità. Il patrimonio conferito alla Fondazione diventa patrimonio indipendente dal patrimonio del suo fondatore. Per il conferimento del patrimonio il fondatore non deve versare alcuna imposta. Anche l'incremento del patrimonio e la concessione di eventuali benefici sono esenti da tasse. Per ottenere l'esenzione dalle imposte è assolutamente necessario mantenere l'amministrazione della Fondazione nel Principato del Liechtenstein.

Riassumendo possiamo dire che i grandi vantaggi che la Fondazione offre sono: il fatto di essere una forma societaria internazionalmente riconosciuta, la sua intangibilità, la particolarmente ridotta imposta sul capitale e riserve, l'anonimità assoluta del fondatore e dei beneficiari e la possibilità di mantenere il patrimonio per generazioni senza dover eseguire atti pubblici e pagare tasse di successione.

Anstalt

Fondamentalmente è sufficiente un solo Fondatore per costituire una Anstalt. Al fondatore vengono concessi diritti duraturi che però non possono essere dati in pegno o in garanzia. I diritti derivanti dalla Anstalt costituita da una fiduciaria possono essere naturalmente ceduti. I diritti di costituzione sono cedibili senza limiti. Gli Statuti sono visibili presso la camera di commercio anche a terzi. Per garantire l'anonimato del beneficiario o dei beneficiari è necessario che questi vengano denominati in uno Statuto complementare che ha lo stesso potere vincolante degli Statuti veri e propri ma, a differenza di questi ultimi, non è soggetto al deposito presso la camera di commercio e come tale non è accessibile a terze persone.

Il Capitale sociale minimo ammonta a 30.000 franchi svizzeri. Per gli impegni assunti, la Anstalt risponde esclusivamente con il suo patrimonio sociale. La forma societaria della "Anstalt" è adatta sia per la gestione di patrimoni sia per le attività commerciali; inoltre è spesso usata come valido strumento per la compravendita di immobili.

È necessario avere un Rappresentante legale "in loco". Inoltre almeno uno dei membri del Consiglio di Amministrazione, organo obbligatorio, deve avere la residenza nel Liechtenstein ed essere in possesso della relativa abilitazione rilasciata dal Governo. Le Anstalt sono particolarmente richieste perché la legge permette diverse configurazioni dell'assetto societario. Grazie a questa discrezionalità, questa forma societaria si presta a tutte le esigenze di un'azienda, di una persona o famiglia.

Qualora la Anstalt si occupi di una attività commerciale è obbligatorio presentare annualmente un Bilancio. Le società di sede possono presentare bilanci e inventari anche in valuta estera. Se la Anstalt ha una attività commerciale è obbligatoria per legge la nomina del Revisore dei conti; se invece la società opera esclusivamente per la gestione patrimoniale, per l'intestazione di partecipazioni o di altri diritti, il Revisore dei conti non é obbligatorio.

- La Anstat non versa alcuna imposta sugli utili.

Quindi, in tutto sono da versare al massimo 1.000 franchi svizzeri all'anno per qualsiasi giro d'affari, indipendentemente cioè dagli utili, dalle perdite e dalla cifra d'affari realizzati. Le Anstalt sono nel loro assetto societario molto più flessibili che non le Società Anonime, inoltre hanno il vantaggio di dover versare un capitale sociale ridotto. In ogni caso, tutte le forme societarie, possono disporre di conti bancari e postali.

Fiduciaria

Il concetto anglosassone di Trust è riconosciuto e applicato nell'Europa continentale solamente nel Principato del Liechtenstein. Il Trust reg. (Fiduciaria reg.) ha una propria personalità giuridica. Su esplicita richiesta, i Trusts possono essere costituiti con la clausola di poter applicare le leggi di un altro paese. Ogni persona ha la facoltà di chiedere alla camera di commercio una visura, dalla quale però non risultano né beneficiari né il fiduciante. E' quindi garantito l'anonimato assoluto per il cliente. Il Capitale min. ammonta a 30.000 franchi svizzeri. Il Trust reg. (Fiduciaria reg.) risponde esclusivamente con il capitale sociale.

- Nella prassi queste forme societarie vengono utilizzate

71

in modo particolare per l'amministrazione di patrimoni per clienti con mentalità anglosassone.

É obbligatorio avere un Rappresentante legale "in loco", inoltre almeno uno dei membri del Consiglio di Fondazione, organo obbligatorio, deve avere la residenza nel Liechtenstein ed essere in possesso della relativa abilitazione rilasciata dal Governo del Liechtenstein. Ampia libertà è stata lasciata dal legislatore in merito all'Organizzazione del Trust. I Benefici possono essere limitati nel tempo e/o concessi dimostrando il possesso di determinati requisiti. Tipo, volume e scadenza dei benefici sono da definirsi in uno Statuto Complementare. L'anonimità dei beneficiari è totalmente garantita in quanto questo Statuto, non è soggetto a nessuno tipo di deposito presso le pubbliche autorità. La Contabilità deve essere tenuta in ogni caso. Il vantaggio più evidente del Trust reg. (Fiduciaria reg.) nei confronti delle altre forme societarie consiste proprio nella sua denominazione e di essere particolarmente adatto per rapporti con paesi anglosassoni o paesi di appartenenza alla cosiddetta Common law, dove lo stesso Trust può avere patrimoni.

Trust Settlement

Il Liechtenstein dispone, quale unico stato al di fuori del Common law, del Trust Settlement (rapporto fiduciario), che può essere definito come l'obbligo facente capo a una persona (trustee) di occuparsi, su incarico di un altro soggetto (settlor o disponente), della gestione di una massa organizzata di beni e/o diritti (trust property o trust fund) della quale egli ha il controllo giuridico per conto e beneficio di persone (beneficiari) che possono far valere in giudizio tale obbligo, quindi compreso il conferente. Nella cultura economica patrimoniale anglosassone il trust ha sempre ricoperto una funzione rilevante: grazie allo stesso è stato possibile pianificare la destinazione di ingenti fortune, evitare che queste fossero falcidiate dalle imposte di successione e impostare strutture personali e societarie che garantissero la totale integrità del patrimonio anche e soprattutto al succedersi di diverse generazioni. Il "Trust" é riconosciuto dall'Italia con la Convenzione dell'Aja, che ha ratificato e dato esecuzione con la legge n. 364 del 16 ottobre 1989. É tuttavia consigliabile una Fondazione, piuttosto che un Trust, per il semplice motivo che la proprietà della Fondazione è dimostrabile, mentre invece riguardo al Trust è assolutamente indispensabile una fiducia illimitata nei confronti del Trustee. Nel Trust il Conferente si spoglia della sua proprietà, cedendola, se pur condizionatamente, al Trustee. É anche vero però che il Trustee deve dichiarare questi patrimoni, come sono nella realtà, e cioè un bene detenuto fiduciariamente. Con contratti di mandato molto chiari e una grande fiducia nel fiduciario non devono sussistere remore nel Trust Settlement.

Caso pratico

Un'azienda italiana produce calcolatrici e le distribuisce tramite una società indipendente del Liechtenstein. Questa ha assunto la distribuzione del prodotto per tutto il mercato europeo o mondiale. La ditta italiana pertanto non produce utili o in minima misura. Visto che la ditta liechtensteinese non deve versare dividendi all'italiana, tutti gli utili rimangono nelle casse della holding. Gli utili possono essere utilizzati per espansioni o progetti. Sarebbe, per esempio, conveniente che la società holding conceda un prestito o acquisisca una partecipazione della ditta italiana che deve finanziare un programma di espansione della produzione o altro. Gli interessi che devono essere corrisposti per questo prestito, da una parte riducono il carico fiscale della ditta italiana, mentre dall'altra restano, esenti datasse nel Liechtenstein.

Lussemburgo

Tra i fondatori dell'Unione europea, il Gran ducato di Lussemburgo è lo stato membro più piccolo. Nel cammino che ha portato all'adozione dell'euro è il paese che per primo ha risposto ai test di convergenza per l'unione economica e monetaria. Ospita sul suo territorio la Corte di giustizia europea, la Banca europea per gli investimenti e il segretariato generale del Parlamento europeo. In base a quanto risulta dall'ultimo rapporto dell'istituto statistico europeo (Eurostat), gli abitanti del Lussemburgo hanno il più alto standard di vita dell'Unione. Nella borsa del Gran ducato sono quotati circa i due terzi delle obbligazioni emesse nel mercato europeo.

Il carattere di area offshore è dovuto al fatto che i non residenti non sono soggetti ad alcun tipo di tassa sul reddito, ritenute su dividendi e su capital gain. Inoltre non esiste alcuna tassa di successione sui beni posseduti. Le forme societarie utilizzate sono le holding e il Soparfi. Altra importante attrattiva è costituita dall'attività bancaria, dall'amministrazione dei fondi e dai servizi di custodia. Sul territorio sono presenti più di 200 banche, con depositi totali pari a 568 miliardi di dollari, di cui l'85% in valute estere.

- Le banche Usa e giapponesi, pur essendo presenti in minor misura, gestiscono il 50% dei depositi totali.

Ciò è dovuto anche al fatto che il paese è stato il primo ad assimilare la direttiva Ue sulle imprese per gli investimenti collettivi in attività finanziarie trasferibili (Ucits), secondo la quale i fondi regolati possono essere venduti in tutta l'Unione, e il Lussemburgo è obbligato a effettuare le regolazioni della compensazione dei depositi. I fondi monetari "lussemburghesi" sono 1.400 e i secondari sono 3.658, per un totale di 412 miliardi di dollari, di cui 239 miliardi sono i dollari gestiti in fondi Ucits. Una scorsa all'art. 41 della legge lussemburghese sul settore finanziario, che regola ampiamente il segreto bancario, mostra come l'obbligo di segretezza delle banche e di altre istituzioni finanziarie non abbia consistenza dinanzi alla giustizia penale oalle autorità di sorveglianza. Per contro, nell'ambito di un processo civile un impiegato di banca non può essere costretto alla rivelazione di dati relativi al cliente. Terroristi e delinquenti non trovano alcuna protezione, si coopera strettamente con le autorità straniere per combattere abusi. In caso di indagine di diritto penale o di istanza di assistenza giudiziaria il segretobancario viene abrogato e i conti sospetti vengono congelati. In Lussemburgo la legge sul segreto bancario non gode di particolari garanzie come ad esempio in Austria.

Con il nuovo regolamento UE che, come già citato sopra, è entrato in vigore contemporaneamente anche nelle Isole del Canale, in Svizzera e nel Liechtenstein, il segreto bancario è stato per la prima volta riconosciuto e consolidato da tutti i governi dell'UE. Ciò permette al Lussemburgo di continuare a giocare le carte che l'hanno portato a essere una delle maggiori piazzefinanziarie mondiali in un mercato più ampio, aperto e a condizioni competitive più eque.

Ciò presuppone in primo luogo la volontà politica di permettere agli agenti del mercato di sviluppare le proprie attività in un contesto di certezza del diritto senza tuttavia sovraregolamentare ogni strumento fin nel più piccolo dettaglio.

Principato di Monaco

Il Principato di Monaco è il secondo Stato più piccolo del Mondo e vista l'esigua superficie confina solamente con la Francia per tre quarti, mentre a sud si affaccia sul Mediterraneo; La posizione e soprattutto le agevolazioni fiscali hanno fatto di Monaco una delle località più gettonate dalle persone abbienti.

Aspetti fiscali:

* Non sono previste imposte sui redditi delle persone fisiche.
* Esistono imposte sulle donazioni e successioni, sui consumi (TVA) e di registro.
* Residenza: chi vuole acquistare la residenza deve disporre di un'abitazione, anche in affitto, e dimostrare di avere mezzi sufficienti di sussistenza.
* Sistema bancario: efficiente con tutela molto blanda del segreto bancario.
* Controllo dei cambi: le norme valutarie ricalcano quelle francesi.
* Convenzione contro le doppie imposizioni: Monaco ha sottoscritto una sola convenzione con la Francia.

Non c'è alcuna tassa sul reddito o plusvalenze nel Principato di Monaco; la tassa principale è sui profitti che è imposta su alcune società. C'è anche la tassa di successione, ma ci sono due principali esenzioni che limitano la sua applicazione nella pratica. In primo luogo, l'imposta è dovuta solo sui beni situati nel Principato di Monaco e in secondo luogo l'aliquota fiscale dipende da come strettamente correlate sono le parti; più il rapporto è vicino, più basso è il tasso di imposta di successione. Così patrimoni lasciati a un coniuge o figli di solito possono essere trasferiti esenti da imposta di successione.

Acquistare un immobile a Monaco è semplice, in teoria, poiché non ci sono restrizioni su non residenti. In pratica, la maggior parte delle proprietà sono troppo costose per la persona media. Un recente sondaggio dei prezzi degli immobili EU ha trovato che il principato di Monaco ha i più alti dei prezzi degli immobili in tutta Europa.

La maggior parte dei residenti vivono in appartamenti e i migliori costano diversi milioni di euro; un monolocale si compra per circa 600.000 euro, mentre per una decente villa o casa nel Principato si potrebbe pagare più 15 milioni di euro.

- La vera attrazione di Monaco come paradiso fiscale è la sua posizione geografica e stile di vita. A differenza di molti paradisi fiscali che si trovano nel mezzo del nulla, Monaco è solo a breve distanza da molte grandi città europee.

L'accesso alle banche con apertura di conti correnti e servizi finanziari è eccellente, come ci si aspetterebbe, dato il numero di abitanti di mega-ricchi. Ottenere la residenza nel Principato di Monaco non è poi così difficile come ci si potrebbe aspettare, purché si disponga di reddito e risorse sufficienti.

Ci sono fondamentalmente tre modi per ottenere un permesso di soggiorno: stabilendo una società nel Principato di Monaco, diventando un dipendente di una società di Monaco o andare in pensione lì. Mentre non vi è alcuna imposta sul reddito personale nel Principato di Monaco, tranne che per i cittadini francesi in determinate circostanze, società con sede a Monaco devono in teoria pagare una tassa sui profitti con un tasso di circa il 33% dopo cinque anni di trading, mentre durante i primi anni pagano un tasso inferiore, che aumenta ogni anno.

In pratica ci sono, tuttavia, un numero di eccezioni su queste tasse, tra cui:

- Imprese che non sono in possesso di proprietà intellettuali o in determinate attività (sarebbe esentati i telelavoratori).
- Società che sono coinvolte nel commercio di attività con il 75% o più del reddito che rientra da Monaco.
- Società offshore, che svolgono qualsiasi attività commerciale e impiegano personale nel Principato di Monaco.

Non ci sono ritenute d'acconto nel Principato.

Scozia

La Scozia è una delle quattro nazioni costitutive del Regno unito. Nonostante l'appartenenza al Regno Unito, la Scozia vanta un sistema giuridico autonomo che presenta alcune variazioni che possono essere di rilievo per gli aspetti imprenditoriali che ci interessano. Edimburgo rappresenta un'importante piazza finanziaria europea ed è rilevante per la nostra analisi finanziaria e per la strutturazione di piattaforme societarie. Perché la Scozia è interessante per l'aspetto imprenditoriale? Perché in Scozia è possibile costituire e gestire determinate tipologie di società che, se create con una certa architettura, producono il vantaggio di essere del tutto tax free. In particolare ci riferiamo a strutture che nel paese di costituzione sono fiscalmente trasparenti. Vale a dire che la responsabilità fiscale passa dalla persona giuridica della società sui soci che la costituiscono. Questa caratteristica dell'imprinting giuridico può essere utilizzata per fornire contemporaneamente due risultati molto importanti:

- Privacy dei beneficiari.
- Struttura a tassazione quasi nulla, lavorando naturalmente completamente fuori dal paese.

I consulenti esperti di ingegneria finanziaria possono assistervi nellle operazioni. Attraverso la loro organizzazione è possibile ottenere strutture societarie di questo tipo (LP) comprensive dei servizi di nominee (privacy sia dei soci che dei direttori) e tassazione praticamente nulla. Viene, infatti, rilasciata regolare dichiarazione di trust nei confronti del beneficiario e tutti i documenti della società. E' possibile dotare questa società di un conto corrente bancario in un paese europeo a basso scambio di informazioni, utilizzabile mediante il sistema dell'accesso a Internet. La migliore e forse maggiormente interessante per quanto riguarda il business con società scozzesi è senz'altro la LP che, se opportunamente strutturata, fornisce notevoli vantaggifiscali e di tassazione.

La fiscalità di queste società arriva a essere nulla (a parte le franchise tax) se sussistono le seguenti condizioni:

- business fuori UK.
- conto corrente fuori UK.
- nessun socio UK e nessun socio residente o domiciliatoUK, neppure l'amministratore.
- costituita da persone o entità giuridiche provenienti da giursdizioni offshore, normalmente persone giuridiche.

Per ottenere quanto sopra è possibile acquisire società già costituite, le quali hanno tutte le caratteristiche di cui sopra e vi permettono quindi di ottenere i seguenti risultati:

- nessuna imposta sugli utili.
- privacy dei beneficiari.
- privacy degli amministratori.
- collocazione degli utili offshore.
- conto corrente in paese europeo a basso scambio di informazioni.

Vengono create automaticamente tali società attraverso altre società con base in un paese offshore tax free in modo da permettervi di avere la giusta configurazione operativa e senza che l'imprenditore debba preoccuparsi di creare molteplici strutture complesse. Il risultato è una struttura già pronta per l'operatività.

Seychelles

La piccola repubblica delle Seychells fornisce un'eccellente piattaforma offshore che consente business di ottima qualità.

Le società domiciliate fiscalmente nelle isole Seychelles godono di un ottimo ambiente offshore, del tutto privo di tassazione sugliutili e con reputazione internazionale decisamente buona. La piazza finanziaria, inoltre, è estremamente riservata e non vengono realizzati scambi di informazioni con l'estero.

E' possibile costituire presso le isole Seychelles società per azioni con relativo conto corrente presso primaria banca del posto e utilizzare il tutto via Internet.

Caratteristiche generali:
- Ottima stabilità politica
- Sistema politico di tipo britannico
- Società di tipo IBC
- Rivelazione dei beneficiari economici non permessa
- Migrazione di domicilio permessa
- Nessuna tassa sugli utili offshore
- Permessi nomi societari non inglesi

Elementi necessari per le società:
- Minimo numero di azionisti: 1
- Minimo numero di direttori: 1
- Azioni al portatore: permesse
- Persone giuridiche come direttore: permesse
- Secretary obbligatorio: no
- Capitale sociale autorizzato standard: US$ 5.000

Elementi locali obbligatori:
- Registered office e indirizzo: si
- Direttori locali: no
- Assemblee eseguite sul territorio: no
- Registro dei direttori: no
- Registro degli azionisti: no

Obblighi annuali:
- Annual Return: No
- Revisione: no
- Tassa annuale minima di licenza: US$100
- Annual Return Filing Fee: no

Vogliamo ora un attimo soffermarci su come viene gestita la riservatezza dei soci e degli organi di questo tipo di società. Secondo la legislazione della piccola repubblica, infatti, non vi è alcun obbligo di registrare i nomi degli azionisti e degli organi della società su un registro pubblico.

L'unico detentore di questa informazione è, infatti, il subscriber che tiene questi dati riservati secondo la legge locale. La corte suprema del paese è l'unica autorità che può accedere a questi dati che, altrimenti, rimangono completamente riservati. Anche per questi motivi, questo paese, è classificato da molti paesi europei e non, come stato a "scarsa trasparenza". Infatti, non vi sono registri che detengano i nomi degli azionisti delle società locali. Queste semplici osservazioni portano a capire come questa giurisdizione possa essere utilizzata per realizzare piccole persone giuridiche dall'ampia riservatezza le quali, eventualmente, possono essere impiegate a loro volta come azionisti di società europee o statunitensi per rendere massima la riservatezza in capo ai beneficiari. Va in ogni caso tenuto ben presente che, per Legge, banche e intermediari devono necessariamente conoscere i nomi dei beneficiari, anche se questa informazione risulta sempre essere protetta dal segreto.

- La giurisdizione delle Seychelles risulta essere, anche sul profilo burocratico e operativo, di gran lunga più snella e facile da gestire rispetto ad altri paesi offshore come ad esempio Panama.

Svizzera

Le società di diritto svizzero sono tra le più prestigiose e internazionalmente quotate del mondo. La prestigiosissima fama e il grande senso di fiducia che ruota attorno questo tipo di società, fanno delle compagnie elvetiche la massima espressione di affidabilità e solidità a livello internazionale. Imprenditori da tutto il mondo ci tengono a creare la loro Holding, oppure la loro società Svizzera per dare il massimo lustro e prestigio al proprio lavoro, collocando un'entità giuridica nel paese ritenuto il più affidabile al Mondo, con banche, istituzioni finanziarie serie e affidabili. Inoltre consideriamo il fatto che il franco svizzero è considerata una moneta molto stabile ed è considerata la "moneta rifugio", al pari dell'oro.

- La tassazione mite e la semplicissima burocrazia completano il quadro strategico sopra delineato.

Ecco perché studi fiduciari ogni settimana creano svariate nuove entità in questo paese con estrema soddisfazione degli imprenditori clienti, in particolar modo Italiani, Francesi, Tedeschi, Olandesi, Belga. Costituendo o acquistando una società Svizzera, si tenga presente che il Cantone dei Grigioni fornisce condizioni particolarmente favorevoli sia dal punto di vista fiscale (tassazione molto più bassa di altri cantoni tra cui il Ticino), sia da un punto di vista burocratico (bassissima burocrazia ed estrema collaborazione con le Istituzioni Pubbliche).
Il Cantone dei Grigioni è già ora molto più conveniente del Ticino e sono in programma nuove riforme a partire dal 2009/2010 che porteranno l'imposta cantonale al 5,5% contro il 9% ad esempio del Cantone Ticino. Il Grigioni quindi, piazza economica sempre più importante, sta catturando nuovi clienti anche ai vicini cantoni in particolare al Ticino. E' quindi possibile stabilire la propria sede in Grigioni, stabilendo anche importanti legami con i Cantoni di lingua tedesca, l'Austria e il Lichtenstein, paesi di enorme importanza strategica e finanziaria. Il cantone dei Grigioni inoltre è molto importante per la contrattualistica avendo bassissima burocrazia e sistema giuridico efficientissimo e con il diritto di usare la lingua italiana. A Roveredo (ad esempio), capoluogo del distretto Moesa, si è in Cantone Grigioni in lingua italiana. Nella città vi

sono tutti gli uffici amministrativi della regione, il tribunale e tutti i servizi. La formula più utilizzata è quella di società di capitali (S.A. nei cantoni di lingua italiana e francese, A.G. nei cantoni a lingua tedesca). Fornisce responsabilità limitata al capitale sociale azionario che non può essere minore di 100.000 franchi svizzeri. Se il capitale è interamente liberato, gli azionisti rimangono completamente anonimi e le azioni passano di mano senza alcuna formalità. Non vi è limite superiore all'ammontare del capitale sociale, che può diventare anche di diversi milioni di franchi. La SA Svizzera è la più prestigiosa, sicura e anonima tipologia di società al mondo. Non ha eguali in nessun'altra giurisdizione. Con altrettanto poche formalità potrai decidere di costituire da nuova la società in estrema riservatezza. Infatti, è sufficiente conoscere il nome della società e il suo scopo e in pochi giorni è possibile avere la società pronta e operativa. Tutte le società Svizzere beneficiano di un'imposta sul valore aggiunto dell'8%, quindi molto inferiore alla corrispondente tassa nella maggior parte dei paesi europei.
L'imposizione fiscale delle S.A. è basata su tre componenti: comunale, cantonale e federale. A seconda del cantone, le prime due imposte cambiano notevolmente e quindi determinati cantoni sono molto favorevoli dal punto di vista fiscale.

- Tra i primi posti nella classifica della convenienza fiscale, spiccano Zug e Svitto. Molto mite il Cantone Grigioni, che è diventato molto più conveniente anche del vicino Ticino.

E' molto importante sottolineare che in Svizzera le società possono dedurre fiscalmente praticamente tutti i costi inerenti la gestione societaria, rendendo, di fatto, la base imponibile molto più bassa rispetto ad altri paesi molto tassati come Italia e Germania.
Spese di rappresentanza, trasporto, autovetture, pubblicità possono essere facilmente dedotte dall'imponibile, dando luogo quindi a una fiscalità estremamente giusta e mite. Come altra nota importante occorre sottolineare che in Svizzera, l'attribuzione del numero iva (equivalente della partita IVA italiana) è obbligatorio solo sopra un certo ammontare di

fatturato interno (cioè realizzato all'interno del territorio elvetico), dando luogo a una notevolissima semplificazione fiscale e gestionale delle società che si trovano a gestire quindi, una contabilità veramente semplice. E' possibile acquistare S.A. pronte già iscritte al R.C. e pronte per lavorare. Queste società sono già registrate e operative e per la cessione non necessitano né di atto pubblico né di formalità particolari. Inoltre, essendo pronte come pacchetto, hanno un costo particolarmente vantaggioso e non sono soggette né a costi notarili, né all'imposta di registrazione, che è stata assolta al momento della costituzione. Solitamente il costo di queste società è di 10.000 franchi svizzeri.

• La società anonima viene preparata in modo da avere il nome desiderato e lo scopo scelto e può essere personalizzata per il cliente.

Va tenuto presente, tuttavia, che la disponibilità di società mantello pronte dipende dai momenti in quanto le fiduciarie forniscono esclusivamente società di provata provenienza e di documentata sicurezza, diversamente l'acquisto di una società già costituita potrebbe essere estremamente rischioso.

Altra possibilità riguarda la costituzione di una società dicapitali che detiene, comunque, una forte rilevanza personale (Sagl nei cantoni a lingua italiana, Sarl nei cantoni a lingua francese e GmbH nei cantoni a lingua tedesca).

I soci non sono anonimi e si vedono a una semplice visura del Registro di commercio. Le quote passano di mano mediante atto formale ma non più atto pubblico e il numero minimo di soci è di uno. E' più economica e con capitale sociale minimo molto più basso (20.000 franchi svizzeri). Si costituisce in modo semplice e veloce. Dal 2008 è diventato obbligatorio l'organo di revisione,si può tuttavia chiedere l'esenzione se sono presenti certe condizioni (ad esempio, numero di dipendenti inferiore a 10, giro d'affari limitato). Con un minimo investimento l'imprenditore può facilmente costituire questo tipo di società per fare ogni genere di attività in Svizzera e all'estero, possedere conti correnti e fare operazioni finanziarie, gestire partecipazioni mobiliari e immobiliari.

Tutte le società Svizzere beneficiano di un'imposta sul valore aggiunto dell'8%, quindi, molto inferiore alla corrispondente tassa nella maggior parte dei paesi europei.

L'imposizione fiscale delle Sagl (come quella delle SA) è basata su tre componenti:

- comunale
- cantonale
- federale.

A seconda del cantone, le prime due imposte cambiano notevolmente e quindi determinati cantoni sono molto favorevoli dal punto di vista fiscale. Tra i primi posti nella classifica della convenienza fiscale, spiccano Zug e Svitto. Decisamente miti anche Ticino e Grigioni. Il cantone dei Grigioni è diventato recentemente estremamente conveniente fiscalmente e dalla burocrazia limitatissima. Roveredo, il punto di riferimento finanziario di questo cantone, ha quindi acquisito notevole rilevanza, diventando meta privilegiata di molti investitori. E' molto importante sottolineare che in Svizzera le società possono dedurre fiscalmente praticamente tutti i costi inerenti la gestione societaria, rendendo, di fatto, la base imponibile molto più bassa rispetto ad altri paesi molto tassati come Italia e Germania ad esempio. Spese di rappresentanza, trasporto, autovetture, pubblicità, ecc. possono essere facilmente dedotte dall'imponibile, dando luogo quindi a una fiscalità estremamente giusta e mite.

- Come altra nota importante occorre sottolineare che in Svizzera, l'attribuzione del numero iva (equivalente della partita IVA italiana) è obbligatorio solo sopra un certo ammontare di fatturato interno (cioè realizzato all'interno del territorio elvetico) ovvero CHF 100.000 annui, dando luogo a una notevolissima semplificazione fiscale e gestionale delle società che si trovano a gestire quindi, una contabilità veramente semplice.

E' sempre possibile acquistare delle Sagl e delle SA pronte che vengono consegnate "chiavi in mano", certificate e libere da qualunque tipo di pendenza, con azioni al portatore (le SA) e certificati del RC del Cantone. Queste società sono già registrate e operative e per la cessione non necessitano nè di atto pubblico nè di formalità particolari. Inoltre, essendo pronte come pacchetto, hanno un costo particolarmente vantaggioso e non sono soggette né a costi notarili, né all'imposta di registrazione, che è stata già assolta al momento della costituzione. Una società straniera può creare una sua succursale in territorio elvetico. Questo conferisce personalità giuridica alla succursale nel territorio elvetico. La succursale può possedere beni, conti correnti, ecc. Da un punto di vista operativo dipende comunque sempre dalla casa madre. Può essere interessante per iniziare un business con una spesa esigua e senza versare capitale sociale. Difatti è abbastanza frequente costituire una società offshore ad esempio Seychelles (cosa che necessita di bassa spesa e capitale sociale esiguo) e poi registrare una succursale in Svizzera (nel cantone dei Grigioni che è una fiscalità molto conveniente) combinando entrambe le cose in modo del tutto semplice e ancheeconomico.

I vantaggi oltre a quelli indicati, sono che:
- La casa madre è offshore e quindi pagherà imposte pari allo 0% nel suo stato di appartenenza (ovvero nella giurisdizione nella quale è stata costituita).
- La succursale viene tassata in Svizzera, ma a fiscalità molto conveniente.
- Il pagamento dei dividenti alla casa madre, da parte dellasuccursale, non viene tassato in Svizzera.

La cosa più interessante della succursale è che essa non richiede versamento di capitale sociale da parte dell'investitore e quindi risulta per questo molto attraente e risulta ora fattibile in modo semplice. La succursale potrà poi essere registrata nel Cantone svizzero di maggiore interesse di solito in Grigioni. La succursale può intestarsi conti correnti, beni, quote di partecipazione, ecc. e può esercitare i business che ritiene più opportuni con la direzione del direttore della succursale, che è il responsabile delladirezione della succursale. La fiscalità delle succursali è molto simile alla fiscalità di ogni altra persona giuridica svizzera. La differenza di base - molto importante - è che i dividendi distribuiti dalla succursale svizzera verso la casa madre, non sono soggetti alla normale imposta sui dividendi e quindi possono essere liberamente distribuiti senza ulteriori tassazioni. Ecco perché è facile vedere in Svizzera succursali di società del Delaware oppure Seychelles.

Roveredo, capoluogo del distretto Moesa, nel Cantone Grigioni a lingua italiana, è sicuramente la città più interessante in cui posizionare la propria impresa commerciale.

I motivi si possono riassumere come segue:

- Lingua italiana oppure tedesca a scelta dell'investitore.
- basso regime fiscale paragonato ad altri cantoni svizzerie in particolare al Ticino.
- Vicinanza all'Italia e al Ticino (Roveredo, infatti, dista14 Km da Bellinzona, capitale del Ticino).
- Burocrazia estremamente snella, efficace e veloce.
- Facilità nel posizionamento dell'impresa.
- Sgravi fiscali ulteriori per chi genera occupazione.
- Posizione strategica nel cantone riguardo i rapporti con gli importanti vicini. Infatti, il Grigioni, essendo il cantone più grande della Svizzera, è a due passi da Austria, Liecthenstein, Germania, Italia essendo quindi in posizione strategica per tutte le imprese che lavorano con questi paesi.
- Semplicità nella presentazione e svolgimento degli oneri amministrativi e fiscali, con notevoli risparmi di tempo e denaro.

In più il comune di Roveredo, essendo il capoluogo della regionea lingua italiana (italofona) del distretto Moesa, ha in sé tutti i servizi regionali del cantone dei Grigioni, il tribunale, le sedi amministrative del Grigioni italiano, rivestendo un ruolo di primaria importanza. In pratica si hanno tutti i vantaggi di un capoluogo regionale, ma con le agevolazioni di una città tutto sommato piccola e dalla burocrazia molto snella e veloce. E' possibile, infatti, eseguire qualunque pratica amministrativa, giudiziaria, fiscale, comunale, cantonale in eccezionale rapidità. Roveredo è un centro finanziario ed economico situato nell'estremo sud del Cantone dei Grigioni. Caratterizzato da una burocrazia snella e da una fiscalità moderata, il cantone dei Grigioni è un'attrattiva per tutti gli investitori stranieri e per tutti gli investitori del Cantone Ticino che spesso migrano le loro aziende qui. Città dal numero esiguo di abitanti, ma dalla relativamente elevata estensione territoriale, Roveredo possiede tutti i vantaggi economici dei cantoni tedeschi, ma conserva localmente la lingua italiana; si pone come forte antagonista di centri più blasonati come Lugano, Bellinzona o Chiasso, rispetto ai quali però offre fiscalità estremamente più mite, burocrazia molto semplice e veloce e una vasta gamma di servizi per l'investitore, nonché un diritto cantonale molto veloce ed efficiente. La possibilità di usare l'italiano per tutto il proprio business, rende questa città un vero e proprio punto di riferimento per il sud della Svizzera e per il centro Europa.

Negli ultimi anni inoltre Roveredo sta crescendo per via di grandi piani di investimento territoriali per viabilità e crescita urbana, che stanno letteralmente facendo spingere alle stelle gli investimenti immobiliari. Il Cantone dei Grigioni, anche per la sua localizzazione e vastità, permette anche di affacciarsi su mercati molto importanti oltre quello italiano, soprattutto il mercato tedesco e il mercato austriaco. Inoltre la vicinanza con il Liecthenstein permette ai clienti di potere avere a disposizione anche servizi bancari di altissimo livello. Roveredo, inoltre, è una città molto vicina anche ai centri maggiori del Cantone Ticino come Lugano e Bellinzona, collocandosi quindi in una posizione altamente strategica per il business non solo centro europeo, ma anche internazionale.

Il governo del cantone ha emesso un comunicato recentemente con il quale mostra la sua volontà di abbassare nuovamente e notevolmente l'imposta sugli utili per le imprese del Cantone dei Grigioni e anche per le persone fisiche. La riduzione sarà notevole.

L'adeguamento della legislazione cantonale al diritto federale costituisce una parte sostanziale della proposta. Al centro vi è la riforma II dell'imposizione delle imprese. Questa riforma, nota con il nome di riforma dell'imposizione delle piccole e medie imprese, è stata approvata dal popolo nel febbraio scorso.

Si tratta sostanzialmente della proroga della data di imposizione per prelevamenti privati, divisioni successorie o per l'affitto di un'azienda, dell'imposizione privilegiata dell'utile da liquidazione o dell'estensione della deduzione per partecipazioneper persone giuridiche [...].

Il Consiglio di Stato propone, quindi, di abbassare l'aliquota massima di altri 1,5 punti percentuali al 5,5%. Simultaneamente l'aliquota fiscale progressiva va sostituita con quella proporzionale (la cosiddetta flat tax). Da queste iniziative capiamo che il già vantaggioso Cantone dei Grigioni si appresta adiventare un Cantone ancora più interessante sul profilo fiscale e burocratico per tutte le società che vi si intendono insediare. In questo contesto, la città di Roveredo diventa ancora di più un punto di riferimento per l'area a lingua italiana, come punto focale di attività finanziaria e d'impresa e luogo ideale nel quale insediare le proprie attività. Tra i numerosi servizi è disponibile anche l'amministrazione fiduciaria.

Tale servizio vi permette di amministrare e gestire la vostra società (qualunque sia la sua giurisdizione) mediante un apposito mandato che vi fornisce il vantaggio di non comparire direttamente come amministratore sui documenti ufficiali e nei registri pubblici. Con questo strumento, il vostro nome rimarrà riservato e, attraverso il mandato, potrete comunque amministrare il vostro business in modo semplice. Il funzionamento e la riservatezza del mandato fiduciario sono determinati dalla Legge Svizzera in materia (legge Federale) riguardo la società fiduciaria svizzera.

- In Svizzera questo tipo di strumento è protetto dalla Legge e garantisce al cliente la massima riservatezza e la massima flssibilità. In osservanza alla Legge, tuttavia, il fiduciario dovrà essere informato dela tipologia di business del Cliente e dovrà avere certezza della completa legalità dello stesso.

L'accettazione del mandato è strettamente sottoposto alla approvazione della fiduciaria, la quale potrà anche recedere dall'incarico qualora il mandante non segua le Norme di Legge svizzere. Va tenuto presente che la Legge Svizzera impone al fiduciario (intermediario finanziario) una serie di operazioni di "diligenza" che rendono obbligatoria, oltre all'identificazione della controparte, la raccolta alcuni dati sul cliente e sul business della nascitura società. Questa raccolta di dati che accomuna una Banca a una società fiduciaria, è assolutamente confidenziale e coperta dal segreto professionale, tuttavia è imposta dalle Leggi Federali in materia finanziaria e deve essere espletata. Un mandato, stipulato senza questa diligenza, non può essere considerato aderente alle vigenti normative finanziarie. Il cliente è tutelato dalla Legge Federale solo se si rivolge a un intermediario finanziario con regolare autorizzazione rilasciata da Berna e quindi sottoposto a revisione, diversamente non avrà le garanzie di Legge. Il servizio di amministrazione fiduciaria (nominee) può essere applicato a:

- S.A. o A.G. Svizzere in qualunque cantone.
- Sagl o GmbH Svizzere in qualunque cantone.
- Panama Corporation. Società anonima per azioni panamense.
- Cyprus LTD. Società per azioni di diritto cipriota.
- United Kingdom LTD. Società per azioni inglese.
- Scottish LP. Limited partnership scozzese.
- Seychelles LTD. Società per azioni delle Seychelles.

Per Panama e Cipro è possibile avere il Power of Attorney per eseguire tutte le operazioni in modo completamente autonomo. Attraverso i notai è anche possibile rilasciare procure speciali per l'esecuzione di particolari contratti all'estero. Abbiamo già parlato delle società SA (società anonime per azioni) Svizzere pronte (società mantello). E' molto importante chiarire esattamente di cosa si tratta e come tale tipo di società si distingue dalle società costituite o da quelle propagandate da alcuni siti come società "fatte online". Le società pronte sono società già costituite in cui il capitale sociale è stato liberato dal primo azionista, in cui la tassa di registro è stata pagata, in cui non vi sono costi notarili di costituzione né di trasferimento della società, in cui è già stato eseguito l'adempimento di registrazione alla autorità fiscale. In particolare nelle società pronte i seguenti servizi e adempimenti sono già stati evasi e saldati:

- Tassa di iscrizione al Registro di commercio.
- Tassa notarile.
- Tassa per il conto di versamento capitale.

- Parcella notarile per l'atto costitutivo.
- Quota per la verifica del nome.
- Iscrizione della società all'ufficio fiscale cantonale.
- Iscrizione della società all'ufficio per il personale.
- Emissione dei certificati.

Quindi l'acquisto di una SA mantello vi esime da tutti gli adempimenti indicati sopra e dal pagamento dei corrispondenti costi, che sono già stati tutti regolati. Sta in questo l'enorme vantaggio delle società mantello. Un ulteriore importante vantaggio è che il cliente non figurerà neppure all'interno dell'atto costitutivo della società che risulteràquindi veramente e totalmente anonima.

Molto importante: società già costituite comprate e rivendute costituiscono un grosso rischio per chi le acquista stante l'impossibilità di una verificaapprofondita quando la società ha diversi mesi di vita edè passata di frequenti mani in mani.

Le società mantello sicure e garantite sono presenti solo in certe occasioni e quindi non sono un tipo di risorsa che è sempre possibile acquistare.

Il segreto bancario svizzero poggia su tre principi:

- Il rapporto contrattuale tra il cliente e la banca, il segreto professionale che si deduce in senso lato dagli art. 27 e 28 ZGB e che si basa sul diritto di ciascun individuo alla tutela della propria personalità, e infine la legge federale sulle banche e le casse di risparmio dell'8 novembre 1934. Chiunque in qualità di organo, impiegato, incaricato, liquidatore o commissario di una banca, osservatore della commissione bancaria federale, organo o dipendente di una società di revisione accreditata venga a conoscenza di informazioni confidenziali è obbligato a non divulgarle. Il segreto bancario svizzero non trova fondamento o legittimazione nel diritto costituzionale.
  Contrariamente all'opinione ampiamente diffusa tra la maggioranza degli investitori, il segreto bancario svizzero non vale però in senso assoluto e in particolare

non offre protezione in caso di attività criminali. In situazioni quali procedimenti di esecuzione e realizzo forzati, così come processi penali (ad es. per riciclaggio, associazione a delinquere, furto, frode fiscale, estorsione ecc.) le banche sono obbligate a rendere pubbliche informazioni relative al cliente.

• Oltre a ciò, a seconda della giurisdizione applicabile nei vari cantoni, si può ottenere la pubblicazione di informazioni sul cliente anche nell'ambito di processi civili. Nel caso una banca sia in possesso di elementi che lascino desumere la provenienza criminosa di valori patrimoniali, la stessa è autorizzata a dare notifica alle autorità competenti senza con ciò infrangere il segreto bancario. In caso di legittimo sospetto è addirittura tenuta a presentare immediata denuncia alle autorità contro il riciclaggio. L'infrazione dolosa o colposa del segreto bancario viene sanzionata con pena di detenzione fino a 6 mesi o multa fino a 50.000 franchi svizzeri, per colpa fino a 30.000. L'infrazione rimane sanzionabile anche dopo la cessazione del rapporto bancario del cliente e del rapporto di impiego presso la banca.

• Al fine di evitare che soggetti imponibili negli stati membri dell'UE potessero eludere la direttiva sull'eurotassa su mercati finanziari ex UE, l'Unione è stata fin dal principio interessata a una cooperazione con paesi terzi, in particolare con la Svizzera. Un accordo tra Svizzera e UE relativo alla tassazione degli interessi regola le modalità di tale cooperazione. Avendo la Svizzera sempre condiviso l'obiettivo dell'UE di tassare adeguatamente redditi da interessi percepiti da cittadini dell'Unione, si è arrivati a negoziare una soluzione analoga alla regolamentzione dell'UE preservando il segreto bancario.
Il dossier sulla tassazione dei redditi da interessi è parte integrante della Bilaterale II, siglata da Svizzera e UE il 26 ottobre 2004 a Lussemburgo. L'Accordo sulla

tassazione degli interessi, così come tutti gli accordi parte della Bilaterale II, è stato approvato dal parlamento svizzero nel 2004. Il punto centrale dell'accordo è l'impegno da parte della Svizzera all'introduzione di una ritenuta fiscale pari dapprima al 15%, in seguito al 20% e a partire dal 2011 al 35%. In tal modo la Svizzera garantisce da un lato che la direttiva UE non possa essere elusa per suo tramite e, al contempo, lascia intatto il proprio segreto bancario. La ritenuta fiscale si applica a tutti quei pagamenti per interessi versati da un determinato sportello– ad es. una banca – su territorio svizzero a favore di una persona fisica con domicilio fiscale in uno stato membro dell'UE. I proventi della ritenuta spettano per il 75% all'UE ovvero agli stati membri (revenue sharing). L'accordo prevede inoltre che i clienti stranieri possano scegliere tra il regime di ritenuta fiscale e quello di segnalazione alle autorità fiscali (segnalazione facoltativa).

Il Segreto Bancario

Sulla base della direttiva UE sull'eurotassa, entrata in vigore il 1/7/2005, gli stati membri dell'Unione Europea attuano uno scambio automatico di informazioni riguardanti i redditi da capitale. A partire da questo momento, dati relativi all'investitore (nome, indirizzo, data e luogo di nascita, codice fiscale, reddito da interessi) vengono inoltrati alle autorità fiscali del rispettivo paese di residenza. Ciò non vale per i clienti stranieri che investono il proprio patrimonio in Austria. L'obbligo allo scambio di informazioni previsto nella direttiva UE come parte della cooperazione tra le autorità in materia di tassazione diretta e indiretta trova, infatti, i propri limiti nella giurisprudenza e nella prassi amministrativa di ciascun paese e si arresta pertanto dinnanzi al segreto bancario esistente nel relativo paese. Una normativa analoga a quella austriaca si trova anche in Belgio, Lussemburgo e nei paesi extracomunitari associatisi a questo regolamento, ad es. la Svizzera.

- Il regolamento prevede allo stato attuale la seguente procedura: ogni stato membro è obbligato a fornire informazioni relative agli investimenti di capitale di cittadini di altri stati membri o, in alternativa, ad applicare una ritenuta alla fonte sui redditi derivanti da tale capitale.

Con la seconda opzione il segreto bancario non viene intaccato. L'Unione Europea intende tuttavia nel lungo termine abolire tale alternativa e vincolare tutti gli stati membri allo scambio automatico di informazioni a partire dal 2011. La fine del segreto bancario. Ecco quanto emerge da un'inchiesta del New York Times sulla notizia più censurata dell'anno con importanti ripercussioni economiche a livello mondiale. Lo scandalo scoppia questa estate quando il New York Times pubblica un'inchiesta nella quale denuncia che, nelle more della "War on Terror", il governo americano acquisisce ormai da anni la totalità dei dati del consorzio interbancario SWIFT. Lo scandalo SWIFT è sicuramente la notizia più censurata dell'anno.

94

Lo scandalo scoppia questa estate quando il New York Times pubblica un'inchiesta nella quale denuncia che, nelle more della "War on Terror", il governo americano acquisisce ormai da anni la totalità dei dati del consorzio interbancario SWIFT, senza che il Congresso americano ne sia stato informato. Preoccupato per la privacy dei dati bancari dei cittadini statunitensi, il New York Times ha dato poco peso al fatto che per il circuito SWIFT transitino quasi tutte le transazioni interbancarie mondiali e che, quindi, il programma americano di sorveglianza aveva fatto stracci del segreto bancario non solo negli Stati Uniti, ma anche in Europa e nel resto del mondo. Il New York Times è stato aggredito dai repubblicani e dalla stampa amica del governo in quanto avrebbe tradito un segreto vitale per la sicurezza nazionale.

Ingenuamente il quotidiano newyorkese ha fatto presente che era stata la stessa Amministrazione americana a dichiarare in più occasioni che i terroristi islamici avevano smesso di usare i circuiti interbancari per spostare il denaro, dopo che il programma statunitense di tracciamento bancario (peraltro ben pubblicizzato, anche se non nel dettaglio) si era rivelato efficace consentendo il sequestro di fondi e la cattura di alcuni terroristi.

Il punto dolente per l'amministrazione USA non risiedeva, però, nel (poco) possibile danno alla "War on Terror", ma nel fatto che l'inchiesta del New York Times ha rivelato al mondo che gli USA spiano illegalmente e in gran segreto, dal 2001, tutte le transazioni bancarie del mondo. Dopo che qualcuno, evidentemente in privato, ha spiegato la questione al quotidiano americano, il suo editore ha sentito il dovere di scusarsi pubblicamente per la fuga di notizie. Lo scandalo ha avuto una modesta eco fuori dagli Stati Uniti, complice anche una scandalosa copertura offerta dall'informazione a ogni latitudine. Eppure il governo del Belgio, dove ha sede il consorzio SWIFT ha dichiarato illegale il trasferimento di dati all'amministrazione americana, la Svizzera ha riconosciuto la morte del segreto bancario e l'Unione Europea ha chiesto di discutere con urgenza la cosa con Washington. Tutto si è svolto in gran segreto per anni, l'amministrazione americana ha inviato alla filiale americana di SWIFT un "sub-poena" (un ordine gravato di minaccia penale) affinché trasferisse agli USA i dati relativi alle transazioni dei soggetti in odore di terrorismo. SWIFT, dichiarandosi non in grado di discernere i dati utili tra quelli che controlla, ha pensato bene di trasferire in blocco tutti i dati agli americani. SWIFT avrebbe informato della cosa i membri del consorzio (i banchieri centrali del G10), ma non è ancora stato possibile sapere in che termini. Non è stato neanche possibile sapere quali cautele abbia preso SWIFT, visto che ormai da mesi dice di aver provveduto in tal senso senza essere in grado di specificare cosa abbia fatto di diverso dal trasferire tout-court i suoi database agli americani. Hanspeter Thür, Commissario Federale per la Protezione dei Dati della Svizzera, ha dichiarato che "le banche svizzere hanno infranto la legge omettendo di informare i propri clienti che i dati delle loro transazioni sono stati trasferiti alle autorità americane".

Un'altra infrazione risiede nell'aver trasferito tali dati verso un paese con una legislazione relativa al segreto bancario meno rigorosa di quella svizzera, i cui quotidiani hanno concluso che il leggendario segreto bancario elvetico non esiste più. Secondo la Commissione per la Privacy dei Dati in Belgio, "dev'essere considerato un grave errore di giudizio da parte di SWIFT aver consentito che una massiccia quantità di dati personali sia stata posta sotto sorveglianza (statunitense) in maniera segreta e sistematica per anni senza alcuna reale giustificazione e senza un controllo indipendente come previsto dalla leggi del Belgio e da quelle dell'Unione Europea (...) anche i principi fondamentali della legge europea, quali quello della proporzionalità, del periodo limitato di conservazione, il principio di trasparenza, la necessità di un controllo indipendente e di un congruo livello di protezione dovevano essere rispettati". Ma questo non è successo. La Commissione Europea e il Comitato Articolo 29 (che si occupa di Privacy) ci stanno ancora riflettendo, ma già il Belgio ha considerato illegale la vicenda, pur astenendosi dal prendere misure nei confronti di Swift, che per parte sua si ritiene esente da colpe in quanto avrebbe informato le banche centrali di Germania, Francia, Italia, Giappone, Olanda, Svezia, Svizzera, Regno Unito e USA e anche la BCE, senza aver avuto alcun riscontro negativo. Jean Claude Trichet, a capo della Banca Centrale Europea, ha cercato di lavarsene le mani affermando che "il compito di proteggere i dati personali è al di fuori delle competenze di controllo del Gruppo, dato che non è in relazione con il funzionamento dell'infrastruttura del mercato e con la stabilità finanziaria". Trichet ha ammesso che le banche centrali del G10 furono informate (senza specificare in che termini) dell'iniziativa americana nel febbraio del 2002, ma che i banchieri restarono in silenzio poiché non considerarono un loro compito proteggere la privacy dei dati di SWIFT, in quanto la BCE e le banche centrali hanno solamente il compito di "proteggere l'infrastruttura di mercato e la stabilità finanziaria". Alla fine però, anche Trichet ha dovuto ammettere che "se abbiamo avuto un immenso, estremamente tragico, problema di protezione dei dati, forse questo potrebbe aver provocato qualche conseguenza in termini di stabilità finanziaria. La perdita della fiducia nella riservatezza delle operazioni bancarie è sicuramente in grado di minare la fiducia degli operatori e, di conseguenza, di danneggiare l'infrastruttura di mercato e la stabilità finanziaria". In attesa di un prossimo incontro chiarificatore con gli USA, i rappresentanti della UE appaiono preoccupati, memori della vicenda per la quale si scoprì che gli USA impiegavano i dati della rete ECHELON per favorire le loro aziende a scapito di quelle europee. Preoccupazioni legittime, tenuto conto anche della sequenza affari persi negli ultimi anni da AIRBUS in favore di Boeing e da altre aziende europee nei confronti di quelle USA, sembra vigere in Europa la consegna del silenzio. Una consegna particolarmente rispettata in Italia, particolare facilmente verificabile usando un qualsiasi motore di ricerca con il termine SWIFT. La scorsa estate alcuni giornali hanno dato notizia del confronto tra Casa Bianca ed il New York Times, ma presentando la cosa come una faccenda squisitamente americana. Il Corriere della Sera, che è il quotidiano che ha prodotto più articoli in merito, è addirittura giunto ad affermare che la questione fosse relativa solo alle transazioni da e per gli Stati Uniti.

Alcuni parlamentari di sinistra hanno passato la palla ad altri colleghi, ma poi la palla si è persa e non si è vista nemmeno un'interrogazione parlamentare su fatti di tale gravità. Al di là dei problemi relativi alla privacy e all'alterazione della concorrenza in favore degli USA, esiste anche un altro aspetto importante che però non sembra preoccupare nessuno dei politici italiani ed europei: gli USA, con i dati di SWIFT, sono in gradodi tracciare e ricostruire la storia economica di uomini e partiti politici. Un dato di fatto abbastanza allarmante, vista la cifra etica e morale dimostrata dall'attuale Amministrazione nordamericana. Un dato ancora più allarmante se si considera che tali informazioni potrebbero essere usate per favorire formazioni politiche, funzionati pubblici e uomini politici "amici" di Washington, o per distruggere la reputazione di ex amici edattuali nemici.

Un enorme vantaggio competitivo e un altrettanto invadente potere di ricatto consegnato in segreto agli USA, la chiave dei conti correnti mondiali (si parla di miliardi di operazioni e milioni di conti bancari) consegnata alle agenzie che si occupano della sicurezza nazionale americana, che si sono moltiplicate in maniera esponenziale sotto l'Amministrazione Bush, senza che nessuno lo sapesse e senza nessun tipo di controllo su chi potesseavere accesso a questo tesoro dal valore incalcolabile. Una situazione che per il momento, a parte la richiesta di colloqui da parte della UE, ha avuto una sola conseguenza reale: la convocazione di un gruppo di studio tra i paesi asiatici al fine di costituire un consorzio simile a SWIFT, ma sottratto all'inutile sovranità europea. È di almeno 21 mila miliardi di dollari il valore complessivo degli asset finanziari detenuti presso i paradisi fiscali di tutto il mondo. A rivelare la spaventosa cifra, relativa alla fine del 2010, è uno studio pubblicato dall'associazione Tax Justice Network, secondo il quale le tre banche che più di ogni altra gestiscono capitali offshore sono le svizzere UBS e Credit Suisse e l'americana Goldman Sachs. «Si tratta di qualcosa come la somma del valore di due economie come gli Stati Uniti e il Giappone», ha sottolineato l'organizzazione non governativa, che ha specificato inoltre come la cifra di 21 mila miliardi possa essere perfino sottostimata: nella forbice indicata, il livello massimo potrebbe raggiungere i 32 mila miliardi. E lo studio non tiene neppure conto di beni immobiliari, opere d'arte o altri beni simili. Il TJN aggiunge poi che, anche ipotizzando un rendimento medio piuttosto basso per tali capitali (pari al 3% annuo), se si tassassero i profitti al 30%, si potrebbe generare un flusso fiscale compreso tra i 190 e i 280 miliardi di dollari. Ossia circa il doppio di tutti gli aiuti allo sviluppo versati ogni anno dai Paesi ricchi dell'Ocse.

La Doppia Imposizione

In termini economici, si parla di Doppia Imposizione Fiscale, quando uno stesso reddito è tassato da due o più giurisdizioni diverse. Infatti, a livello mondiale, possiamo distinguere due diversi criteri di tassazione dei redditi:

- Principio della Residenza (P.R.): i redditi vengono tassati dal paese di residenza del percettore, indipendentemente dalla nazione in cui sono prodotti
- Principio della Fonte (P.F.): i redditi vengono tassati dalla giurisdizione in cui sono generati, siano essi prodotti da cittadini residenti o non residenti

Gli stati, ovviamente, per incrementare le proprie entrate, tendono ad ampliare al massimo il concetto di sovranità fiscale, applicando entrambi i principi.

Per comprendere al meglio questo aspetto utilizziamo il seguenteesempio:

- Consideriamo che l'imprenditore Giuseppe Rossi, che vive nel Paese B, è titolare dell'azienda "Alfa" situata nella giurisdizione A. Se vengono applicati entrambi i principi contributivi, l'investitore sarà soggetto, per i redditi generati dalla suddetta impresa, a una doppia tassazione: quella operata dalla nazione A, per il Principio della Fonte, e quella della giurisdizione B, per l'applicazione del Principio della Residenza.

Proprio per evitare questa gravosa situazione fiscale che opprime l'investimento privato, molte nazioni si sono impegnate a siglare accordi bilaterali contro la Doppia Tassazione. Tali accordi sono realizzati attraverso una serie di trattati grazie ai quali i Paesi contraenti regolano l'esercizio della propria potestà impositiva, in modo da evitare la doppia imposizione come detto, e combattere l'evasione fiscale. A tal fine essi disciplinano la cooperazione amministrativa e lo scambio di informazioni di natura finanziaria e patrimoniale. I trattati vengono stipulati secondo due modelli di riferimento, quello stabilito dall'OCSE e quello redatto dall'ONU. Una volta firmato il trattato, questo viene recepito dal nostro Paese attraverso la ratifica del Parlamento che fa seguire una legge ordinaria. Quando tutti i paesi contraenti hanno ratificato il trattato, e scambiato gli strumenti di ratifica, la convenzione entra in vigore e viene resa nota attraverso la pubblicazione sulla Gazzetta Ufficiale. La prima convenzione contro la doppia imposizione della nostra storia è stata sottoscritta nel 1922 con Austria, Ungheria, Polonia, Regno di Jugoslavia e Romania. A oggi sono stati stipulati 102 accordi, di cui 83 ratificati e 78 in vigore, compresi quelli con tutti i paesi membri dell'Unione Europea e del G8. L'elenco completo delle convenzioni è facilmente reperibile in rete.

Le Banche Offshore

Le Banche offshore (letteralmente "fuori dalle acque territoriali") sono banche che hanno sede legale in paesi, cosiddetti paradisi fiscali, che applicano legislazioni in campo fiscale e creditizio più convenienti, rispettando inoltre il segreto bancario. Le banche offshore quindi, grazie a questa posizione privilegiata, si trovano a gestire una grossa fetta di mercato: secondo alcune stime infattile sarebbero circa 10.000 (di cui 320 italiane) con un volume d'affari pari a circa 1.800 miliardi di euro. L'Associazione Banche Offshore (ABO) è l'associazione di settore del mondo bancario e finanziario offshore. Rappresenta, tutela e promuove gli interessi del sistema bancario offshore in Italia e Europa. L'ABO è la voce di tutte le banche, piccole, medie e grandi che sono situate in stati cosiddetti offshore. È anche l'espressione della finanza, delle fiduciarie, delle società di intermediazione mobiliare estere. L'Associazione raggruppa, quindi, tutti gli operatori bancari e finanziari. L'ABO rappresenta inoltre il sistema creditizio e finanziario offshore, in tutte le sedi internazionali, tra le quali la Federazione bancaria europea. Come dice lo Statuto, l'ABO tutela gli interessi delle Banche Offshore e delle Rappresentanze di Banche estere associate nonché degli altri enti e società imprenditoriali, esteri aderenti. Tratta le problematiche di interesse del settore sottoponendole alle autorità competenti e, attraverso la costituzione di apposite Commissioni specifiche per le diverse discipline, promuove attività di analisi e approfondimento di tematiche attinenti alla finanza internazionale, e si pone come punto di incontro di esperti del settore, al fine di permettere ai suoi Associati di seguire l'evoluzione delle conoscenze in materia finanziaria e di formulare adeguate proposte di collaborazione in tutte le sedi internazionali. Nell'ambito dei paradisi finanziari, una menzione speciale va riservata ai paradisi bancari. Si tratta di paesi che attirano capitali per le favorevoli condizioni dei loro mercati bancari a cui, quasi sempre, si aggiunge la mancanza di trasparenza nello scambio di informazioni con gli altri paesi.

Ciò si concretizza principalmente con l'elevato segreto bancario: gli istituti di credito non rivelano, a chiunque dovesse farne richiesta, la titolarità dei conti correnti, rendendo così possibile l'occultamento dei capitali.

- Un livello tale di riservatezza è stato (fino al 2009) la caratteristica, ad esempio, dello stato di San Marino, provocando un enorme afflusso di capitali che venivano trasportati, opportunamente occultati, da italiani o da prestanome.

Tipiche dei paradisi bancari sono operazioni di private insurance. Si tratta di un servizio che unisce in sé le caratteristiche dell'amministrazione patrimoniale (il più comune investimento effettuato nei paradisi bancari; con o senza delega) e quelle del private banking, sotto forma di servizio assicurativo di polizza vita. È un tipo di contratto molto diffuso presso società con sede in Irlanda, Liechtenstein e Lussemburgo; è legato alla vita del contraente, e quindi potrà essere sciolto al suo decesso o con il riscatto anticipato, e si concretizza, generalmente, con l'apertura di un conto, su cui viene versato il premio, che può avere come sottostanti vari strumenti finanziari, quote societarie, liquidità e molto altro.

- Altra operazione che trova larga applicazione è quella del trust, attraverso cui un soggetto detto settlor destina a un altro soggetto detto trustee un patrimonio. Il trustee, la cui attività può eventualmente essere posta sotto il controllo di un protector, deve amministrare tale valore a favore di uno o più beneficiari indicati (o indicabili successivamente).

Come possiamo vedere, quindi, i paradisi bancari sono scelti principalmente per l'amministrazione di ingenti patrimoni. Alcuni paesi prevedono strumenti ad hoc per facilitare le operazioni di questo tipo, come ad esempio:

- La Fondazione di famiglia.
- Molto simili sono la Fondazione Privata in Austria e Panama.
- La Società di gestione del patrimonio familiare (Spf), nata in Lussemburgo nel 2007, per la gestione di

ingenti patrimoni privati, gode di esenzione dall'imposta sul reddito delle società, dall'imposta comunale commerciale e, soprattutto, dall'imposta patrimoniale.

Le Società Offshore

Il termine società offshore (o off-shore) identifica una società registrata in base alle leggi di uno stato estero, ma che conduce la propria attività al di fuori dello stato o della giurisdizione in cui è registrata. A oggi, è invalso l'uso di riferire questa denominazione a società che offrono condizioni fiscali favorevoli derivanti dalla registrazione in ordinamenti che prevedono scarsi controlli e pochi adempimenti contabili (cosiddetti paradisi fiscali). Uno degli obiettivi più frequenti collegati alla creazione di una società offshore è la riduzione dell'imposizione fiscale; ma tramite una società opportunamente configurata è anche possibile ottenere altri vantaggi: protezione del patrimonio, semplificazione della burocrazia, ottimizzazione dei costi, riservatezza. Nella pratica, le società offshore sono talvolta utilizzate per realizzare discretamente spericolate speculazioni, operazioni vietate o illecite o nascondere perdite di bilancio.

- È perciò un fenomeno molto diffuso la costituzione di società offshore all'interno dell'architettura societaria di gruppi multinazionali. Non solo le classiche isole tropicali (Bahamas, Seychelles, Isole Vergini, Vanuatu, ecc.) ma anche grandi stati non comunemente ritenuti offshore offrono l'opportunità di creare società a tassazione nulla o prossima allo zero. Regno Unito, Nuova Zelanda, USA, Portogallo, Austria, Paesi Bassi sono solo alcuni esempi.

Nonostante l'ammanco fiscale causato dalle società offshore ai cittadini di uno stato a fiscalità ordinaria, resta attualmente legale per un soggetto residente in qualsiasi stato creare e utilizzare una società offshore. La legge sulla tutela del risparmio (L. 28 dicembre 2005 n. 262) ha iniziato a incidere sul fenomeno delle società offshore, attribuendo al Ministro della giustizia il potere di determinare gli Stati «i cui ordinamenti non garantiscono la trasparenza della costituzione, della situazione patrimoniale e finanziaria e della gestione delle società». Sulle

S.p.A. aperte italiane che controllino o siano collegate con società aventi sede in tali Stati ricadono particolari obblighi informativi. Il Ministro della giustizia può inoltre individuare Stati che presentino «carenze particolarmente gravi». Le S.p.A. aperte italiane che intendano controllare società registrate in questi paesi sono tenute a rispettare un regolamento stabilito dalla Consob che valuti «le ragioni di carattere imprenditoriale» che motivano tale scelta. La Consob, qualora rilevi irregolarità, può presentare denuncia al tribunale. E' possibile registrare società offshore in numerose giurisdizioni.In alcune di esse, come ad esempio Regno Unito e Nuova Zelanda, esistono particolari tipi di società che offrono diversi vantaggi tipici delle entità offshore.

I motivi che spingono una società ad aprire una sua succursale offshore sono fondamentalmente due:

• ridurre il carico fiscale

• proteggere i propri capitali, sfruttando le legislazioni favorevoli dei paradisi fiscali.

La costituzione di una società offshore è perfettamente legale (sono alcune delle operazioni che queste società compiono a essere illecite), e uno dei principali vantaggi offerti è rappresentato dalla possibilità di mantenere anonimi i soci e di limitare la responsabilità degli azionisti grazie all'emissione di azioni al portatore. L'anonimato viene garantito, di conseguenza, anche nell'esecuzione di operazioni come l'apertura di conti correnti, l'acquisto di partecipazioni in altre società, anche del paese di residenza, operazioni di compravendita, le quali sono assoggettate ai regimi IVA dello stato offshore. Per le sue caratteristiche politiche ed economiche, per il suo sistema bancario, per le condizioni di vita e, perché no, anche per quelle climatiche, da sempre Panama è tra le mete preferite per l'apertura di una società offshore, così come levicine Isole Cayman.

Ogni paradiso fiscale offre forme societarie ad hoc, che, seppur variando nella denominazione, sono sottoposte a regole grosso modo simili come la già accennata possibilità di emettere azioni al portatore o quella di custodire i documenti societari e contabili in ogni parte del mondo. L'aumento del giro d'affari delle società offshore, e la crescente richiesta di informazioni, hanno favorito la nascita di centinaia di imprese di consulenza Offshore che offrono assistenza a chiunque voglia effettuare questo tipo di investimento, curando la fondazione della società in tutte le sue fasi e fornendo adeguata assistenza legale. I costi costitutivi variano da poche centinaia a qualche migliaio di euro, in funzione della forma societaria scelta e dalla volontà di affidare la pratica a un professionista o meno. Le società offshore hanno la possibilità di aprire una loro succursale in Italia, che può avere due configurazioni. La prima è il Representative Office, ovvero un ufficio di rappresentanza della società estera nel nostro paese. Si tratta della soluzione più semplice, poiché necessita solo di un codice fiscale, dell'apertura della posizione IVA, e della comunicazione alla camera di commercio di zona.

Un po' più complicata è l'identificazione della società presso i Pubblici Registri: pur mantenendo la configurazione estera, quella italiana diverrà una Srl a tutti gli effetti con tutti gli obblighi che ne conseguono, rimanendo soggetta alla legislazione estera nei casi di fallimento.

- La scelta di un paradiso fiscale presso cui stabilire la propria società o il proprio patrimonio, non è semplice, e dipende soprattutto dal tipo di investimento che si andrà a fare, dal tipo di attività svolta, e dall'entità della propria disponibilità economica.

Tuttavia, nell'ambito del nostro continente, potremmo mettere a confronto i vari regimi fiscali per valutare dove sia più conveniente "fare impresa". Tralasciando le eccezioni, rappresentate da incentivi a particolari settori economici o a zone geografiche circoscritte (come ad esempio le zone franche urbane) potremmoparagonare la pressione fiscale tenendo in considerazioni imposte simili, come le corporate tax, che in Europa vanno da un minimo del 9% in Montenegro, fino al 35% di Malta, passando dal 33,33% francese o il 12,50 irlandese. Questo singolo valore, però, non è sufficiente per dare un giudizio sui vantaggi (o svantaggi) della scelta di uno di questi paesi come sede della propria azienda, poiché molti altri fattori vanno ponderati.

E allora affidiamoci al "mercato": il paese che vanta il maggior numero di sedi legali di multinazionali operanti in ogni angolo d'Europa, è senza ombra di dubbio il Lussemburgo, il quale offreil giusto mix tra:

- Basso livello di tassazione.
- Efficienza del sistema bancario (che fino a qualche tempo fa era caratterizzato anche dal segreto bancario, sucui il paese ha dovuto cedere in seguito alle pressioni ricevuto dall'Unione Europea).
- Disponibilità di professionisti del settore finanziario e legale.
- Disponibilità di agenzie di servizi che gestiscono le sedidelle varie società.

Da sempre migliaia di holding scelgono come loro sede il piccolo stato situato tra Belgio, Francia e Germania, sfruttando principalmente l'esenzione fiscale sui dividendi derivanti da partecipazioni, sulle plusvalenze, sugli interessi da obbligazioni, depositi bancari e sui finanziamenti a favore delle controllate.

Un'analisi delle opportunità che offrono i centri offshore. Il biglietto di andata per i paradisi fiscali costa 2 mila euro. È questo il prezzo medio per dare il via libera alla costituzione di uno schema societario in paesi offshore. In molti stati con giurisdizioni fiscali di favore poi è possibile aprire delle società con 2 euro di capitale, non tenere le scritture contabili e addirittura, se uno dei problemi principali è la tutela della privacydei servizi bancari, con meno di 30 mila euro, è possibile fondareun proprio istituto di credito.

I tempi sono estremamente rapidi.

Un giorno per aprire una società alle Bahamas, tre giorni alle Cayman, per arrivare alle due settimane del Lussemburgo o una di Madeira. Il fenomeno dei paradisi fiscali, ovvero zone geografiche il cui regime di tassazione e molto basso o addirittura nullo e dove vige una serie di barriere (a volte invalicabili) per le richieste di informazioni che giungono da amministrazioni straniere, dunque non riguarda più spostamenti di grossi capitali ma è scelto anche da realtà medio piccole.

"Qualsiasi professionista o pmi con utili superiori a 30 mila euro può trarre vantaggi dai paradisi fiscali". Questa è l'opinione di Giovanni Caporaso, presidente della Opm corporation, società con sede a Panama, e sede commerciale a Santo Domingo, che attraverso un'unità speciale per la pianificazione fiscale offre servizi di consulenza per investire nei paradisi fiscali. Difficile stimare la reale portata del giro d'affari delle ricchezze che transitano nelle sedi dei paesi off-shore. L'industria off-shore è piccola e misteriosa, nonostante secondo ultime stime otre il 60% dei capitali mondiali venga gestito attraverso questa industria. Per questi paesi i capitali che transitano presso le loro strutture finanziarie costituiscono il loro PIL.

All'indomani degli scandali finanziari che hanno visto coinvolti grossi gruppi industriali come Cirio e Parmalat che avevano delle casseforti in luoghi come le Cayman, secondo Ponzi cambierà il ruolo delle società che, come la sua, operano nel campo dei rapporti informativi da e per le imprese. "Aumenterà il numero dei privati che si rivolgerà a noi prima di sottoscrivere azioni e bond per assicurarsi della validità di questi prodotti finanziari", annuncia Ponzi. Ma intanto emerge una realtà inaspettata in grado di allettare per la portata del rapporto costi/guadagni ancherealtà piccole.

- Il tutto si gioca sulla linea di equilibrio tra evasione fiscale ed elusione delle imposte: banalmente tra il non pagare le imposte non rispettando le leggi e invece cercare di non pagarle costruendo particolari architetture formate da più atti e passaggi, ognuno dei quali singolarmente considerato è pienamente lecito ma se mixati per bene possono allo stesso modo raggiungere il medesimo obiettivo.

L'abbattimento dei costi può arrivare fino all'80%, nel caso delle società di servizi, meno se si tratta di merci in quanto è più difficile sottrarsi al fisco, ma molto dipendedalla struttura che si intende creare e dunque che cosa si vuole ottenere. I consulenti che forniscono indicazioni sulle convenienze dei paesi off-shore, infatti, concordano che con poche migliaia di euro si possono attivare strumenti idonei e sottolineano che la protezione dei propri interessi ha un prezzo proporzionale alla validità della struttura stessa.

E dunque è necessario valutare anche, oltre il costo di partenza, anche quello del mantenimento dei servizi. Il risparmio poi si consegue anche in termini di adempimenti contabili: molte di queste giurisdizioni, infatti, non prevedendo alcuna tassazione, non richiedono alle società costituite nel proprio territorio la tenuta di scritture contabili. Alcuni centri off-shore poi richiedono un capitale per la costituzione delle società irrisorio o minimo, è infatti, possibile fondare una società dal capitale di 2 euro.

I concetti di evasione ed elusione fiscale vengono spesso, erroneamente, accomunati e considerati sinonimi.

• Con il termine "evasione" fiscale si indicano tutti quei comportamenti illeciti, in quanto espressamente vietati dalle norme tributarie, volti alla riduzione o alla totale eliminazione del prelievo fiscale.

• Si parla di "elusione" fiscale, invece, di fronte a operazioni volte ad aggirare la legge per beneficiare di un'imposizione fiscale minore rispetto a quella prevista. L'elusione è il ricorso a tutte quelle operazioni che, pur nel totale rispetto della legge, consentono di ottenere un carico fiscale ridotto o dilazionato nel tempo.

A tal ragione, negli ultimi tempi, si è sviluppata una vera e propria "materia" denominata Ingegneria fiscale, praticata da professionisti che, grazie alla loro conoscenza dei vari regimi tributari dei paradisi fiscali o dei paesi a bassa imposizione, riescono a consigliare ai clienti le operazioni da eseguire per pagare meno tasse. La padronanza delle norme fiscali è molto importante poiché molti stati offrono vantaggi solo a particolari categorie di soggetti: l'esperto dovrà consigliare come e dove investire dopo aver analizzato il settore in cui opera il cliente.

Per i vari stati non è possibile calcolare con precisione il livello di tasse non incassate per via di queste operazioni, ma recenti studi hanno stabilito che il fenomeno è in espansione e che, prevedibilmente, a eludere sono principalmente le società di grosse dimensioni e i cittadini più ricchi. Per fronteggiare il fenomeno esistono norme antielusive, tuttavia, queste comportano ingenti costi amministrativi dovuti ai mezzi necessari per effettuare gli accertamenti patrimoniali e comportano spesso grosse controversie giudiziarie.

L'operazione più difficile da condurre è l'accertamento della legittimità di un'operazione commerciale, verificando che questa non sia artificiale e volta al semplice aggiramento di una norma fiscale. Nell'ambito dell'elusione fiscale, una delle operazioni più diffuse è quella del transfer pricing: una multinazionale che vende prodotti su un'area geografica molto estesa, la cui produzione è situata in un paese a regime fiscale ordinario, crea una sua filiale in un paradiso fiscale; i beni prodotti che, ad esempio, hanno un valore di mercato di 100 euro, e un costo di produzione di 50 euro, anziché essere venduti direttamente ai clienti sparsi per il mondo, vengono venduti alla propria filiale con sede nel paradiso fiscale, a un prezzo di 51 euro. La filiale provvederà poi a rivendere i prodotti al prezzo di mercato di 100 euro. Facendo in questo modo la società pagherà tasse su un utile di 1 euro nel suo paese di origine, e sui restanti 49 euro potrà godere del regime fiscale agevolato a cui è assoggettata la filiale con sede nel paradiso fiscale. In alcuni casi si va anche oltre: se il prodotto viene venduto alla filiale sottocosto, la società registrerà una perdita nel suo paese, potendo godere, quando e dove previsto, di incentivi per il ripianamento della sua situazione finanziaria, e ottenendo tutto l'utile nel paradiso fiscale.

Un caso a parte, ben più grave, è rappresentato dal riciclaggio del denaro derivante da operazioni illecite, che spesso viene fisicamente trasportato all'estero per essere depositato in istituti di credito di paradisi bancari, o impiegato in holding localizzate presso i paradisi finanziari che lo investono sul mercatomobiliare e immobiliare.

L'industria offshore é piccola e misteriosa, nonostante secondo leultime stime oltre il 60% dei capitali mondiali vengono gestiti attraverso questa industria.

Tempi di Costituzione e Società già pronte

Paese	Uff. locale agente reg.	Presentaz. Bilanci	Tempi attivazione	Società già pronte
Bahamas	No	No	1 giorno	Sì
Cayman	No	No	3 giorni	No
Cook Islands	Sì	No	2 giorni	Sì
Delaware	No	No	2 giorni	No
Gibilterra	No	No	1 settimana	Sì
Hong Kong	No	Sì	4 settimane	Sì
Isola di Man	No	No	2 settimane	Sì
Liechtenstein	Sì	No	2 settimane	Sì
Lussemburgo	Sì	No	2 settimane	Sì
Madeira	Sì	Sì	1 settimana	No
Mauritius	Sì	No	3 giorni	Sì
Panama	No	No	1 giorno	No
Seychelles	Sì	No	2 giorni	Sì
Svizzera	Sì	Sì	1-2 settimane	No
Ungheria	Sì	Sì	3 settimane	No
Uruguay	Sì	No	2 settimane	No
Vanuatu	No	No	1 giorno	Sì

I diversi tipi di società offshore

- International Business Company - IBC

Questo è il tipo di azienda più rinomato e offre caratteristiche davvero allettanti. Per esempio non dovrete pagare tasse sul reddito estero, sarete esenti dalle tasse locali, non dovrete pagare il bollo sulle pratiche, la politica sulla privacy è confidenziale e inattaccabile, inoltre non sarete tenuti a compilare incartamenti e molto altro ancora.
Questo tipo di società potrà avere lo stesso nome o un nome differente da quello della società con cui opera nello stato in cui acquisisce il patrimonio. Questo tipo di società offshore sono molto conosciute in quanto offrono i migliori servizi per la vostraazienda prendendo in considerazione i vantaggi del vostro business.

- Limited Liability Partnership (LLP)

Una delle caratteristiche principali della forma societaria LimitedLiability Partnership (LLP), è quella di poter combinare una tassazione chiara e trasparente con un'organizzazione flessibile, garantendo al tempo stesso una responsabilità limitata per tutti i soci fondatori. Costituendo una LLP è possibile separare il patrimonio dei singoli soci da quello appartenente alla compagnia LLP. Ogni membro è chiamato a rispondere in modo limitato al capitale sociale della società che, non avendo legalmente limiti minimi, potrebbe anche essere uguale a 1 sterlina. Una LLP è considerata come una persona giuridica. Per la costituzione di una LLP sono necessari almeno 2 soci che possono essere costituiti da persone fisiche (privati) o persone giuridiche (altre aziende) con sede o residenza ovunque nel Mondo. Tali soci avranno responsabilità limitata al capitale della società LLP, che per legge potrebbe anche essere pari a 0. I rapporti tra i membri della LLP, devono essere disciplinati da un normale accordo di partnership che comunque non dovrà essere registrato con nessuna autorità (molto utile in termini di tempo e denaro). La società LLP dovrà però essere registrata con la Companies House nel Regno Unito come avviene per una normale Ltd. Un'altra similarità tra LLP e Ltd è che per entrambe la tenuta delle scritture contabili è obbligatoria. Anche la revisione contabile è obbligatoria, ma solo se la LLP supera 1 milione in GBP di fatturato. Tale società può sottoscrivere contratti o acquistare immobili/proprietà esattamente come una normale Ltd. La legge Britannica impone che una LLP venga tassata non come entità unica, ma in capo ai membri, relativamente alla percentuale delle quote di partecipazione stabilite nell'accordo di partnership stipulato dai fondatori. Questa premessa apre la strada a soluzioni interessanti, poiché un uso corretto della LLP può sfociare in una pianificazione fiscale molto vantaggiosa per ogni membro. I soggetti membri della LLP non residenti nel Regno Unito, se conducono un'attività al di fuori dell'UK e generano ricavi che provengono da oltremare, saranno esenti dalla tassazione in UK, poiché tali entrate si posizionano al di fuori del territorio Inglese. I soggetti membri della LLP residenti in UK ma non domiciliati, che controllano e amministrano la propria fonte di guadagno al di fuori dei confini Britannici (per maggiori dettagli si consiglia di visitare la pagina dedicata alla tassazione non dom), non potranno essere tassati finché i capitali guadagnati non saranno spostati su territorio Inglese. Riassumendo, dando per scontata la provenienza estera degli utili di una società LLP che ha come soci fondatori persone fisiche non residenti in UK o residenti ma non domiciliati nel Paese oppure persone giuridiche (altre società) registrate e con base ovunque nel Mondo fuorché in UK, ribadendo la tassazione per trasparenza, una LLP non sarà soggetta ad alcuna tassazione. Sarà obbligo dei soci dichiarare gli utili nel proprio stato di appartenenza, ma tale questione non cadrà sotto la giurisdizione Inglese. Come una LLP può essere utilizzata per una struttura per l'efficienza fiscale. Dopo le premesse effettuate in questa pagina, potrebbe esser utile delineare alcune soluzioni che potrebbero apportare un significativo vantaggio a una compagnia LLP con provenienza di fondi esteri. Una soluzione per ridurre la tassazione a un ammontare prossimo allo 0%, sarebbe quella di utilizzare due società offshore per la costituzione di una LLP. La tassazione

Inglese sarebbe allora minima per la natura della forma societaria LLP e, considerato il principio di trasparenza, le persone giuridiche in questione (le società offshore) saranno tassate secondo le condizioni vigenti nel loro stato di appartenenza che, nel caso specifico, vedrebbero anch'esse una tassazione prossima allo 0%. Se per ragioni personali, comodità o immagine non si vuole guardare interamente alle soluzioni offshore, sarebbe possibile anche una soluzione combinata che comporterebbe comunque un notevole risparmio fiscale.

Detto ciò, appare evidente come un uso corretto di una società LLP in una struttura volta all'ottimizzazione fiscale possa apportare un notevole risparmio di risorse, con notevole vantaggio competitivo sui concorrenti, ad una società che può lecitamente beneficiare di un enorme risparmio fiscale sfruttandocomunque una forma societaria di tutto rispetto come quella Britannica.

• Limited Liability Company (LLC)

Una Limited Liability Company (LLC) nel sistema giuridico anglosassone è l'equivalente di una Società a Responsabilità Limitata. Al contrario di quanto si possa pensare, la LLC è un tipo di società di formazione abbastanza recente nel panorama aziendale statunitense. La sua creazione risale agli anni Settanta, quando apparve per la prima volta negli stati della Florida e del Wyoming. Nel decennio successivo cominciò a espandersi a macchia d'olio in tutti gli stati fino a diventare quella che è a tutt'oggi una delle società più diffuse negli Stati Uniti.

La LLC è nata con il proposito di attuare un tipo di società che non fosse soggetta alle severe regolamentazioni delle tradizionali imprese (tasse, formalità, obbligazioni) e che limitasse la responsabilità dei soci. Oggi, l'unico requisito per la costituzione di una LLC è la presentazione degli "articles of organization" alla relativa Segreteria di Stato, oltre al pagamento di un'imposta (in Florida, ad esempio, ha un valore di circa 125 dollari). A differenza di altri Paesi, negli USA non è indispensabile essere cittadino o residente statunitense per costituire la società.

114

Costi di registrazione 100 dollari.
Costi di rappresentanza legale 25 dollari.
Spese totali per costituzione LLC: 125 dollari.

Una volta costituita la società, una LLC possiede grandi vantaggi per quanto riguarda la gestione, grazie alla sua elevata flessibilità. I soci, infatti, possono liberamente stabilire le regole per il funzionamento in quanto a gestione e operazioni societarie secondo le proprie necessità. Un altro dei vantaggi importanti della LLC riguarda il piano fiscale, poiché la società non è soggetta all'imposta sul reddito delle persone giuridiche (Corporate Tax), ma sono i soci che pagano le tasse nelle loro dichiarazioni dei redditi (Income Tax) per le entrate generate della società. La LLC garantisce la responsabilità limitata dei suoi soci come in una vera e propria società, però con la condizione che i debiti e le obbligazioni siano intestati alla LLC e non ai singoli individui che la costituiscono. Questo vuol dire che i creditori possono far valere i loro diritti solo nei confronti della LLC e non direttamente sui soci. Infine, bisogna sottolineare che questa è diventata l'opzione legale preferita dalle piccole e medie imprese negli USA per gestire la loro attività. Molto spesso si fa riferimento al fatto che la LLC, per le sue caratteristiche, è una combinazione di tipologie societarie che raggruppa i vantaggi sia di una società, sia di un'attività di collaborazione.

- Company Limited By Guarantee

Questo tipo di società offshore, garantirà che il capitale investito rimanga al sicuro e non affondi entro un certo limite, anche se la società finisce in bancarotta.

- Aziende a cella protetta

Alcune giurisdizioni permettono di stabilire nei propri paesi aziende a cella protetta. In questo tipo di società le responsabilità sono messe in compartimenti differenti e nessun comparto può utilizzare il patrimonio degli altri compartimenti. Queste società sono le più adatte per le aziende che hanno fondi comuni di investimento.

Elenco principali società di consulenza offshore

Carlo Scevola & Partners è una società fiduciaria, con sede in Svizzera, regolarmente iscritta alla Camera di Commercio di Ginevra con numero CH-660-0997009-6, specializzata nel ramo della Consulenza Aziendale.

Una *società fiduciaria* è un'impresa che si accolla l'onere di amministrare patrimoni, rappresentare titolari d'azioni o coordinare la contabilità aziendale per conto dei propri clienti.

Visto l'importante e delicata attività svolta, le società fiduciarie, sono soggette a minuziosi controlli pubblici al fine di garantire latrasparenza e la correttezza di ogni singola operazione svolta. La grande esperienza acquisita nel corso degli anni dai professionisti di questa società, ha permesso alla Carlo Scevola & Partners di entrare nelle più importanti organizzazioni professionali internazionali di Consulenza Estera:

- ITPA, International Tax Planning Association
- NATP, National Association of Tax Professionals
- CISI, Chartered Institute for Securities and Investments
- FSC, Financial Service Commission
- CIMA, Cayman Islands Monetary Authority
- IFA, International Fiscal Association

L'attività svolta da questa società fiduciaria svizzera è essenzialmente suddivisa in 3 macro settori:

- Strategic Consulting: tramite i professionisti di questo ramo, potrai avvalerti di approfondite Analisi SWOT (Strenghts, Weaknesses, Opportunities, Threats), definire la posizione della tua azienda sul mercato così da sviluppare le migliori strategie di sviluppo, analizzare l'organizzazione interna della tua impresa e cercare nuove partnership strategiche. Inoltre la Carlo Scevola & Partners è specializzata nella creazione e revisione dibusiness plan.
- Financial Guidance: grazie ai collaboratori di questo

settore, potrai risolvere i problemi di liquidità della tua azienda. In particolare, la società svizzera, è specializzatanella gestione di ogni tipo di transazione.

• International Planning: questa è sicuramente la materia su cui si basa il core business della Carlo Scevola & Partners. Grazie a un team di specialisti (avvocati, commercialisti, giuristi) sparsi per tutti i continenti, potrai trovare la soluzione migliore per le tue attività Offshore.

La società svizzera, è tra le migliori nel panorama internazionale dell'investimento offshore: al contrario di quanto proposto da altri consulenti del settore, non ti verranno mai indicati pacchetti di investimento preconfezionati, ma un apposito team di specialisti, svilupperà una strategia ad hoc per soddisfare le tue esigenze.

La Tax & Advise è una società di Consulenza Fiscale e Contabilità, con sedi a Londra, Lugano e Bucarest, costituita nel 2011, che ti permette di creare, ottimizzare o espandere la tua attività economica. Il termine inglese "One Stop Shop" è alla base delle politiche aziendali della Tax & Advise: l'obiettivo è sempre quello di offrire una consulenza completa ai propri clienti. La mission della Tax & Advise è quella di offrire ai propri clienti tutti gli strumenti necessari per raggiungere l'obiettivo dell'ottimizzazione fiscale o dell'espansione della propria attività. Questi traguardi sono perseguiti grazie alle prestazioni di un apposito team di specialisti, esperti nello scovare le grandi possibilità economiche offerte dalla globalizzazione dei mercati.

Tutti i componenti del team, che formano la grande famigliadella Tax & Advise, sono altamente specializzati:

• I Consulenti sono tutti Dottori Commercialisti abilitati.
• Lo staff responsabile della Contabilità è diretto da un Accountant certificato ACCA (Association of Chartered Certified Accountants).
• Il personale di back-office è interamente composto da dipendenti muniti dell'apposito titolo di studio ICSA (Institute of Chartered Secretaries and Administrators).

- Il settore di Marketing e Comunicazione Estero, vanta tanti professionisti con esperienza nella gestione di grandi aziende.

Inoltre questa società svolge anche la funzione di *"Aggregatore di Business"* riuscendo, quindi, a creare collaborazioni tra le varie imprese gestite, così da perseguire gli obiettivi prefissati.

Le prestazioni di questa azienda sono principalmente rivolte alle seguenti categorie di clienti:

- Imprenditori: in particolare coloro che intendono aggredire nuovi mercati, sviluppare prodotti innovativi o internazionalizzare un'attività già esistente.

- P.M.I.: soprattutto l'aspetto fondamentale della minimizzazione dei costi. Molte imprese italiane, infatti, non conoscono le possibilità che la globalizzazione dei
- mercati offre per abbattere i costi di produzione e quindiincrementare l'utile della propria azienda.

- Professionisti Intermediari: negli ultimi anni, la Tax & Advise, ha creato una vasta rete di professionisti che utilizzano il know-how che solo una grande impresa come questa può garantire. Quindi tutti i professionisti, in ambito fiscale, dovrebbero valutare la possibilità di ingaggiare questa società come outsourcer per creare progetti migliori in modo da soddisfare le esigenze dei propri clienti.

Tutte le soluzioni offerte dalla Tax & Advise hanno come obiettivo quello dell'ottimizzazione fiscale, la salvaguardia del patrimonio personale o societario, l'apertura dell'azienda ai canali internazionali e una migliore protezione della propria privacy. Un team di esperti valuterà la tua situazione e studierà la soluzione più idonea per perseguire i tuoi obiettivi in modo efficiente ed efficace.

I principali servizi offerti dalla Tax & Advise riguardano:

- Scovare la banca più conveniente sul mercato mondiale (quindi non solo nell'ambito nazionale).
- Scelta della localizzazione offshore per contenere il pesodel carico fiscale.
- Soluzioni E-Commerce e E-Gambling.
- Virtualizzazione di alcune attività aziendali per contenere i costi di gestione.
- Ottimizzazione della gestione di Yacht e Aeromobili.
- Soluzioni Trust e Servizi Fiduciari per proteggere la tuaprivacy e i tuoi patrimoni.

Martelli & Partners è uno studio di Roma che si occupa principalmente della Consulenza Aziendale, con particolare riferimento al fenomeno dell'offshore. L'Avv. Domenico Martelli specializzato nel settore penale e assicurativo, costituisce questo studio nel lontano 1959. Grazie all'inserimento di nuovi componenti, in particolare l'Avv. Battista Martelli e l'Avv. Anna Maria Tripodi, l'attività prevalente è divenuta, nel corso del tempo, quella della Consulenza Aziendale. Oggi Martelli & Partners conserva la sua base operativa nella capitale italiana, ma vanta una fitta rete di collaboratori dislocati a Dubai, Londra, Milano e New York.

L'attività svolta dalla Martelli & Partners ha come obiettivo quello della soddisfazione del cliente: tutti i collaboratori sono, infatti, persone assolutamente qualificate e capaci di garantire sempre prestazioni di qualità. Potremmo definire questo studio come la Boutique del diritto in Italia. In particolare, il team di professionisti è diviso per aree di competenza così da concentrare le conoscenze e raggiungere gli obiettivi prefissati dal cliente in modo efficace. Il canale di assistenza della Martelli & Partners è dislocato su tutto il territorio nazionale: all'interno del sito potrai trovare tutte le informazioni necessarie per contattare il collaboratore più vicino e quindi fissare un primo appuntamento. E' doveroso sottolineare che il team di professionisti svolge la propria attività seguendo gli standard dettati direttamente dallo studio principale di Roma: le prestazioni di consulenza saranno, quindi, sempre di qualità in ogni ambito del diritto nazionale e internazionale.

- Le prestazioni offerte dalla Martelli & Partners sono principalmente rivolte a famiglie facoltose che cercano il modo migliore per ottimizzare il carico fiscale.

Inoltre, questo studio, assiste Società per Azioni e Imprenditori (italiani o stranieri) sia nell'ambito giudiziale che stragiudiziale (costituzione di una società e operazioni finanziarie eccezionali). La Martelli & Partners, è giusto evidenziare, gode dellacertificazione ISO 9000 e quindi garantisce ai propri clienti un servizio di assoluta qualità. La Martelli & Partners è molto impegnata anche nell'ambito della beneficienza: attraverso la Charity Onlus fornisce assistenza sociale e socio-sanitaria alle popolazioni disagiate.

Questo studio è anche attivo nell'ambito dell'Eco-sostenibilità grazie ai tanti accorgimenti utilizzati nelle varie sedi per ridurre gli sprechi energetici. Sicuramente ciò che contraddistingue questo studio di consulenza italiano, è la qualità del servizio offerto: tutti i collaboratori sono minuziosamente scelti al fine di garantire prestazioni sempre di qualità.

Easy Entrepreneur LTD è una società specializzata nella costituzione di Private Limited Company e nell'ottimizzazione del carico fiscale, con sedi a Londra e Barcellona. Pochi investitori sono al corrente che in Europa dal 1993, grazie alla creazione del mercato unico, ogni cittadino europeo può creare una società in qualsiasi stato membro, senza alcun obbligo di residenza. Come è facilmente intuibile ogni imprenditore ha, quindi, l'opportunità di creare la propria attività economica nella giurisdizione più favorevole. È innegabile che uno dei luoghi più ambiti per la creazione di nuove società è il Regno Unito. Ed è proprio qui che si concentra il core business della Easy Entrepreneur LTD: grazie a un team altamente specializzato potrai trovare la soluzione migliore per pianificare strategie di investimento in modo da ottimizzare il tuo carico fiscale. Tra tutti i paesi europei sicuramente il Regno Unito è il più conveniente per sviluppare il tuo business: assenza di lungaggini burocratiche e soprattutto una bassa tassazione dei redditi. Tra le forme societarie previste da questa giurisdizione è sicuramente la Private Limited Company la più semplice da costituire e da gestire. Nel dettaglio, i vantaggi offerti da questa particolareforma giuridica sono:

- Assenza di imposte forfettarie per l'impresa.
- Funzionamento societario semplice e intuitivo.
- Localizzazione della società in prossimità del più grandepolo finanziario europeo, cioè Londra.
- Possibilità di Private Limited Company Unipersonali.
- Tassazione tra le più basse in Europa.

Purtroppo i servizi sono limitati al territorio del Regno Unito e quindi inadatti a tutti coloro che intendono ottimizzare il loro carico fiscale con investimenti in altre nazioni, magari extra-europee.

La Osys Global Corporate Consultants è un'azienda specializzata nella costituzione di società offshore sul territorio di Cipro, e nella pianificazione delle migliori strategie per l'ottimizzazione del carico fiscale. Dal 2004 Cipro è entrata a far parte dell'Unione Europea e grazie a una bassa imposizione fiscale, è diventato il luogo ideale per effettuare investimenti nel vecchio continente. Un team di specialisti nel settore finanziario e amministrativo ha deciso di creare la Osys Global Corporate Consultants proprio per favorire tutti gli imprenditori desiderosi di fondare società offshore a Cipro. Una Società Internazionale d'Affari, IBC, è una particolare forma giuridica a responsabilità limitata che normalmente viene utilizzata per veicolare i propri risparmi in giurisdizioni particolarmente vantaggiose sotto il profilo fiscale. Cipro è sicuramente il luogo ideale per costituire questo tipo di società perché offre i seguenti vantaggi:

- Tassazione ridotta.
- Tutela della Privacy degli investitori e del loro patrimonio.
- Assenza di lungaggini burocratiche.

Cyprus Investments Firms è il nome con cui vengono denominate le Società di Investimento fondate sul territorio cipriota. I principale vantaggi derivanti dalla costituzione di una CIF sono:

- Bassa imposizione fiscale: infatti, Cipro ha stipulato ben 43 trattati internazionali contro la doppia tassazione dei redditi.
- Bassi costi di costituzione e di gestione: parliamo di riduzioni del 30-40% rispetto ai più importanti paesi europei.
- Passaporto europeo: costituire una società CIF permette all'investitore di operare su tutto il mercato europeo.

Il Fondo Privato ICIS è una particolare forma di investimento prevista dalla giurisdizione cipriota che permette al promotore di attrarre i risparmi di clienti desiderosi di sfruttare i vantaggi della bassa imposizione fiscale.

Attraverso i Fondi Privati ICIS potrai godere dei seguenti vantaggi:

Costo e tempi di costituzione minimi: il tempo previsto per la creazione di un ICIS è di 3 mesi a fronte di costi irrisori.

Investimento flessibile: il fondo può assumere la forma più adatta alle tue esigenze, come ad esempio il Fondo Equity.

Bassa regolamentazione: lo stato cipriota effettua blandi controlli su questi fondi.

- Imposizione fiscale nulla o ridotta: i costi della pressione fiscale sono in media del 30-40% inferiori rispetto al resto d'Europa.

Business Dubai IIc è uno studio di consulenza aziendale specializzato nello start-up di società negli Emirati Arabi.

Dubai è una delle mete preferite dagli imprenditori italiani perinvestire in modo sicuro e fruttifero i propri capitali. Infatti, possiamo riscontrare i seguenti vantaggi:

- Esenzione tassazione sui redditi personali e societari: al contrario dei più importanti paesi europei, il governo di questa giurisdizione prevede la completa esenzione della tassazione sui redditi.
- Mercato del lavoro funzionale: al contrario dell'Italia la regolamentazione dei rapporti lavorativi è snella e chiara: nell'ultimo anno su circa 8 milioni di abitanti solo 47 hanno intrapreso una causa contro il proprio datore di lavoro.
- Infrastrutture: questo territorio dispone di un'efficiente rete di comunicazione. È proprio qui che troviamo l'aeroporto più grande del mondo, autostrade a 8 corsie euna metropolitana funzionale e ben curata.
- Sistema di sicurezza all'avanguardia: anche se la polizia è poco visibile, in realtà Dubai è probabilmente la città più sicura al mondo. Infatti, l'amministrazione locale ha dislocato per la città oltre 10.000 telecamere per reprimere ogni forma di comportamento criminale.
- Efficienza burocratica: in particolare nella gestione dell'emissione di licenze e autorizzazioni;
- Esportazione e importazione agevole dei capitali: anche se è prevista una regolamentazione anti- riciclaggio, raramente vengono applicati controlli sulle società offshore;
- Contabilità semplificata: è obbligatorio solo mantenere la contabilità in partita doppia, quindi non dovrai redigere assolutamente nessun registro bollato o eventuali dichiarazioni.
- Telecomunicazioni efficienti: Dubai è la città che vanta la migliore rete telefonica al mondo;
- Lingua: in questa giurisdizione tutta la popolazione parla correttamente l'inglese.

Questo studio di consulenza consente una rapida ed economica apertura di una società a Dubai tramite i seguenti servizi:

- Studi di marketing finalizzati alla ricerca delle miglioristrategie per espandere il tuo business.
- Espletamento rapido delle formalità amministrative perla costituzione di una società.
- Ricerca e gestione del personale.
- Realizzazione di piattaforme web.
- Gestione aziendale.
- Supporto linguistico.
- Fornitura di sistemi di trasmissione dati non intercettabili.

Castaldilawyer è un'organizzazione specializzata nella consulenza aziendale finalizzata all'ottimizzazione del carico fiscale. In Italia si ha una concezione errata dei Paradisi Fiscali: tale termine, infatti, evoca ancora nella fantasia dei nostri concittadini isole incontaminate caratterizzate da una pressione fiscale praticamente nulla.

Per le seguenti cause, oggi questi luoghi non esistono più:

- Dopo l'attentato dell'11 Settembre i più importanti Stati del mondo hanno applicato una politica di rigore per scoraggiare la fuoriuscita di capitale verso tali giurisdizioni perché spaventati dalle facilità di accesso alcredito delle organizzazioni terroristiche.

- Lo scandalo Enron ha imposto alle grandi Corporates di sviluppare politiche di trasparenza per riconquistare la fiducia dei risparmiatori.

Proprio a causa di questi aspetti, la comunità internazionale ha deciso di stilare una Black List dei più importanti Paradisi Fiscali e adottare una serie di politiche per rendere gli investimenti in queste giurisdizioni pericolosi e quindi bloccare la fuga di capitali dai paesi più sviluppati. La Castaldilawyer ti aiuterà a scoprire la soluzione migliore per ridurre il tuo carico fiscale tramite operazioni finanziarie in territori non inseriti nella Black List. Analizziamo adesso alcune delle giurisdizioni consigliate daquesta società.

- Irlanda - Il sistema societario irlandese è particolarmente vantaggioso: potrai creare la tua Private Limited Company (molto simile alla nostra Società a Responsabilità Limitata) versando solamente €1 di capitale sociale. Inoltre è doveroso evidenziare come questo paese sia caratterizzato da un'imposizione fiscale molto bassa, infatti, la Corporate Tax è solo del 12,5%.

- Regno Unito - Questa giurisdizione ha una regolamentazione molto simile a quella irlandese. A fronte di una Corporate Tax del 21 % (quindi più alta rispetto al precedente stato) potrai creare la tua società offshore sostenendo costi irrisori e sfruttando i tanti vantaggi offerti della localizzazione della tua impresa nelpiù importante polo finanziario europeo.

- Liechtenstein - Il principato del Liechtenstein fa parte dello Spazio Economico Europeo (SEE) anche se non membro dell'UE. Proprio per sfruttare questo aspetto, questo studio di consulenza ti aiuterà a costituire la tua società per godere del segreto bancario e contemporaneamente aggredire il mercato europeo.

La Castaldilawyer, grazie a un team di specialisti opportunamente selezionati, ti offre i seguenti servizi:

- Costituzione di società offshore per godere delle agevolazioni fiscali previste in Irlanda, Regno Unito, Liechtenstein, Delaware e Lussemburgo.
- Apertura conto bancario offshore per gestire al meglio i tuoi capitali. Inoltre, in alcune giurisdizione, con soli 30.000 dollari è possibile costituire la tua personale Banca offshore.
- Passaporti diplomatici, così da sfruttare al meglio tutte le agevolazioni previste.
- Gestione finanziaria, in particolare avrai la possibilità di utilizzare i finanziamenti a fondo perduto messi a disposizione dall'Austria.
- Acquisto di titoli nobiliari.
- Licenze Forex.

I servizi offerti dalla Castaldilawyer sono realmente efficaci: in modo semplice e sicuro riuscirai a trovare la soluzione migliore per alleggerire il tuo carico fiscale.

M.S. Lai & Co. CPA è uno studio di consulenza aziendale specializzato nella costituzione di società offshore.

Una società offshore è una particolare impresa costituita in una giurisdizione differente da quella di residenza del proprietario.

I principali vantaggi dell'offshore sono:

- Agevolazioni Fiscali: l'imprenditore potrà scegliere il paese in cui investire i propri capitali in relazione al livello di tassazione più conveniente.
- Assenza di lungaggini burocratiche: in alcune giurisdizioni è possibile costituire una società anche in pochi giorni.
- Bassi costi di gestione.
- Segretezza delle informazioni.

A fronte di queste agevolazioni evidenziamo i seguenti svantaggi:

- Difficoltà di reperire finanziamenti.
- Complessità di apertura di un conto bancariooffshore.

Questo studio si avvale di un team altamente specializzato che, valutando le tue esigenze, ti permetterà di sfruttare tutti i vantaggi dell'offshore in modo semplice e sicuro. Come scegliere la giurisdizione più conveniente per investimenti offshore? Il core business della M.S. Lai & Co. CPA è incentrato sulla costituzione di società offshore a Hong Kong. Questo territorio asiatico è, infatti, il luogo ideale per investire:

- I controlli sulle aziende sono praticamente nulli.
- Flussi di moneta liberi.
- Esenzione totale della tassazione dei redditi societari.
- Pubblica amministrazione efficiente.
- Possibilità di fondare società a responsabilità limitata senza alcuna soglia di capitale minimo di investimento.
- Facilità di apertura di conti correnti offshore.

Dopo aver compreso le potenzialità dell'offshore e in particolare la convenienza della giurisdizione di Hong Kong, analizziamo nel dettaglio tutti i servizi offerti da questa società di consulenza.

- Costituzione società offshore - Un team di professionisti, opportunamente selezionati e formati, ti aiuterà a veicolare i tuoi risparmi nella giurisdizione più adatta al tuo business. Oltre ad Hong Kong potrai investire in modo sicuro i tuoi capitali in Belize, Anguilla, Cina, Panama e Regno Unito.

- Apertura conto bancario offshore - Questa società di consulenza è altamente specializzata nell'apertura di conti bancari offshore, affidando i suoi clienti solo alle migliori banche, come: British Carribean Bank, Chice Bank, AfrAsia Bank e Barclays Bank.

- Altri servizi - Questo studio ti aiuterà, inoltre, nella gestione delle seguenti attività: emissione di certificati (ad esempio lettere di carico e certificati notarili), emissione del visto di lavoro a Hong Kong o qualsiasi servizio di segreteria aziendale.

La OPM Corporation è una società specializzata in servizi offshore con sede a Panama e studi associati dislocati in Sud America e Caraibi. Fondatore e Presidente di questo ente e dello Studio Legale Caporaso & Partners Law Office è l'Avv. Giovanni Caporaso Gottlieb, considerato da tutti gli esperti dell'alta finanza come il vero guru negli investimenti offshore in Italia.
Ecco come è strutturata l'attività di consulenza offerta dall'Avv. Caporaso:

- Caporaso & Partners Law Office: pianifica le strategie migliori da adottare per ottimizzare il tuo carico fiscale grazie ad un team di avvocati e commercialisti di prim'ordine opportunamente selezionati e formati.
- OPM Corporation: specializzata nel ramo della commercializzazione dei servizi offshore.

Come è facile intuire questi due studi lavorano in stretto contatto per offrire al cliente sempre una consulenza completa e di qualità. Si possono richiedere le prestazioni di questa società peri seguenti servizi:

- Costituzione di società o fondazioni anonime.
- Espletamento rapido della pratiche di cambio residenza,richiesta seconda cittadinanza e passaporto.
- Amministrazione di attività commerciali.
- Consulenza divorzi per procura, unilaterali o internazionali.
- Costituzione e gestione di società di gioco d'azzardo.
- Servizi di Tramitazione di banca offshore.

Anche se la sede principale della OPM Corporation è localizzata a Panama, è possibile richiedere una consulenza nei seguentimodi:

- Direttamente: grazie ad una fitta rete di professionisti sparsi per tutte le regioni d'Italia, potrai avvalerti delle prestazioni di un collaboratore di questo studio al solo costo di 500 euro.
- Telematicamente: per tutti i nuovi utenti interessati all'offshore c'è la possibilità di una consulenza telefonica personalizzata con costi in relazione alla

durata della conversazione a partire da soli €10. Per tuttii clienti che hanno già acquistato una prestazione di questa società, c'è la possibilità di avvalersi del servizio di comunicazione personalizzato Skype.

Il livello qualitativo delle prestazioni offerte dalla OPM Corporation e della Caporaso & Partners Law Office è veramente elevato: tutte le pratiche, infatti, sono visionate e gestite direttamente dall'Avv. Giovanni Caporaso Gottlieb. È inoltre doveroso evidenziare che i prezzi adottati per l'attività di consulenza da questa società sono tra i più competitivi nel mercato.

La SFM Corporate Services S.A. è una società svizzera specializzata nella creazione e gestione di attività offshore, regolarmente iscritta alla Camera di Commercio di Ginevra con numero CH 660 2601006-8. Conviene affidarsi alla consulenza di questa società, per pianificare investimenti offshore, per le seguenti ragioni:

- Privacy dei Clienti - La prima indispensabile esigenza di un investitore nell'ambito dell'offshore è la riservatezza delle proprie informazioni. SFM ti garantisce questo aspetto attraverso i seguenti strumenti: un sito completamente sicuro grazie al sistema SSL a 128-bit, una struttura IT rigorosamente progettata per evitare intrusioni esterne e assenza di sedi in paesi con rigorose strutture fiscali.

- Prezzi modesti - La società di consulenza svizzera garantisce ai propri clienti un sistema tariffario molto conveniente e completamente trasparente: all'interno del sito potrai visionare tutti i prezzi adottati dalla compagnia e quindi valutare la relativa convenienza.

- Competenze dei collaboratori - La costituzione e la gestione di una società offshore richiede un alto grado di preparazione e di esperienza: la SFM pianifica i tuoi investimenti avvalendosi solo di collaboratori opportunamente selezionati e formati.

- Società inserita nelle più importanti associazioni mondiali del settore - Per poter effettuare un investimento offshore è necessario avvalersi di una fitta rete di specialisti residenti nella giurisdizione selezionata, per garantire un costante dialogo con le Autorità competenti. Proprio per questa ragione questo studio di consulenza è presente nelle più importanti associazioni del settore, tra le quali spiccano: International Association, International Tax Planning Association e Geneva Chamber of Industry and Commerce.

- Assistenza personalizzata - La caratteristica sicuramente più apprezzata dai tanti clienti della SFM è quella di poter usufruire delle prestazioni di un consulente dedicato. Inoltre la società svizzera, dispone di un team operativo di ben 25 professionisti specializzati in Pianificazione Patrimoniale, Diritto Societario e Commerciale, Assicurazioni e Banche.

- Servizio efficiente - Le prestazioni di consulenza offerte da questa società sono caratterizzate da un elevato livello qualitativo: ogni singola operazione è rivolta sempre al conseguimento degli obiettivi designati dal cliente.

Grazie all'adesione allo statuto "International Service Provider", con cui la società si impone di garantire un determinato comportamento etico, la SFM è considerata "Eligible Introducer" dai principali enti finanziari internazionali.

Oggi, infatti, questa società ha una percentuale di apertura di conti correnti pari al 95%.

Tutte le banche utilizzate per investimenti offshore dalla SFM sono minuziosamente scelte in base ai seguenti fattori:

- Stabilità politica del paese.
- Garanzie sulla Privacy dei clienti.
- Richiesta di garanzie finanziarie dalla banca per tutelarsida possibili fallimenti.

- Ottima reputazione della banca.
- Ampia possibilità di usufruire di servizi finanziari.

Al contrario delle altre società trattate, la SFM propone i suoi servizi a ogni tipo di clientela: espatriati, studi legali, aziende e ditte individuali. Ogni singola strategia proposta ha sempre come obiettivo quello dell'ottimizzazione del carico fiscale e, quindi, del perseguimento degli obiettivi fissati dal cliente.

La Fiduciaria Group è uno studio di consulenza specializzato nella creazione di società offshore e nell'ottimizzazione del carico fiscale. Grazie al lavoro di un team di esperti contabili britannici altamente qualificati, potrai perseguire i tuoi obiettivi in modo assolutamente riservato ed efficiente. In particolare lo studio Fiduciaria Group offre i seguenti servizi:

- Costituzione di Società Limited - Potrai costituire in meno di 24 ore una Società Limited e quindi godere subito delle tante agevolazioni fiscali previste.

- Tax Planning - La globalizzazione dei mercati richiede un alto grado di competenza per riuscire a individuare, in base alle esigenze dell'investitore, la giurisdizione più favorevole: la Fiduciaria Group, grazie all'esperienza del proprio team, riesce sempre a perseguire gli obiettivi designati dal cliente.

- Creazione società Offshore e Amministrazione - Non solo questo studio di consulenza ti garantisce l'ottimizzazione del tuo carico fiscale grazie alla creazione di società offshore in tempi davvero brevi, ma ti assiste anche nella gestione dell'ente.

Costituzione di Società Limited Anonima - Attraverso questa particolare forma giuridica potrai costituire la tua società in modo semplice e sicuro: un team di consulenti pianificherà la strategia migliore per l'ottimizzazione del tuo carico fiscale evitando di spendere il tuo nome nei pubblici registri e, quindi, garantendoti sempre l'anonimato.

Virtual Office - Grazie alla Fiduciaria Group potrai avere a disposizione un ufficio virtuale per gestire le comunicazioni della tua società in remoto in maniera assolutamente protetta.

Costituzione Società LLC e LLP - Un team operativo di esperti contabili britannici ti aiuterà a creare Limited Liability Company (LLC) e Limited Liability Partnership (LLP) per godere delle molte agevolazioni fiscali previste per queste tipologie di forme giuridiche.

Costituzione di società nello stato del Delaware - Pochi investitori sono a conoscenza dei grandi vantaggi offerti dalla costituzione di società nello stato del Delaware: completa esenzione della tassazione sugli utili, flessibilità societaria e assoluta garanzia dell'anonimato dei soci. Per godere di queste agevolazioni, però, non si dovrà sviluppare un'attività operativa o realizzare utili nel Delaware. In mancanza di questi requisiti, infatti, gli Stati Uniti d'America sono obbligati, da appositi accordi internazionali, a veicolare i dati societari all'Unione Europea. La Fiduciaria Group ti aiuterà a pianificare l'investimento nel modo migliore.

Registrazione Yacht - Questo studio ti aiuterà a scegliere la giurisdizione più conveniente per registrare i tuoi beni di lusso così da ottimizzare il tuo carico fiscale.

I Conti Correnti Offshore

I conti di risparmio offshore (offshore saving accounts) offrono spesso tassi di interesse più alti. Se si cerca in giro si trovano conti offshore con tassi che superano il 5,5%. Se si sta guardando per prendere delle obbligazioni a tasso fisso (fixed rate bonds), si possono ottenere tassi di interesse di circa il 6%. I fixed rate bonds sono disponibili nelle banche delle Isole del Canale e soggetti alla direttiva europea sul risparmio fiscale. Da notare, tuttavia, che questi tassi sono tassi di interesse lordi, a differenza degli interessi pagati dalle banche in Inghilterra (UK) o dalle building sociaties, che hanno già il tasso di base fiscale detratto alla fonte. Naturalmente se non si è residente in Inghilterra (UK) non sarebbe un problema, visto che non si sarebbe soggetti al pagamento di tasse nel Regno Unito.

* È quindi necessario considerare se ci sarebbe o meno alcuna tassa offshore nel proprio paese di residenza.

Per quanto riguarda la protezione dei beni (Asset Protection) un conto bancario off-shore probabilmente non offre molto visto che qualsiasi tribunale classificherebbe i contanti tenuti in un conto offshore come il nostro. Quindi se si prende seriamente la protezioni dei beni è necessario create una struttura off-shore, tra cui una società offshore, conto bancario off-shore e probabilmente un trust off-shore. Anche questa struttura offshore non garantisce che i beni verranno protetti, ma darà almeno una possibilità di difesa, ammesso che la struttura offshore sia stata creata correttamente. Dove sia possibile il trust della società holding offhore non dovrebbe avere noi come beneficiari. Qualsiasi distribuzione dovrebbe essere ai familiari senza 'storia' di distribuzioni al soggetto interessato. Quindi, creare il trust offshore è essenziale e mostra che l'intera struttura non è una disposizione di facciata, con il patrimonio che viene classificato come proprio. Se si cerca una struttura offshore Panama è probabilmente una delle migliori opzioni. Un trust a Panama o fondazione che detiene una società offshore con un conto bancario panamense è una scelta giusta. I conti corrente bancari off-shore hanno indubbiamente delle utilità e vengono usati in diversi modi.

Le quattro ragioni principali perché le persone vogliono aprire unconto offshore (Offshore Banking) sono:
- Elusione fiscale
- Tassi di interesse
- Protezione dei beni
- Requisiti privacy

Diamo un'occhiata a ciascuno di essi un po' più in dettaglio. Un errore comune a molti quando si apre un conto corrente bancario offshore è che basti mettere i propri soldi in una banca offshore per evitare l'imposta sui redditi generati.

Questo non è il caso per i residenti dei paesi sviluppati praticamente di tutti, a meno che non siete abbastanza fortunati a essere in uno stato che tassi sulla base della territorialità (ad esempio, Panama, Costa Rica o Singapore). Visto che tracciare i conti offshore (Account Offshore) può risultare difficile per il fisco, la direttiva UE sul risparmio fiscale ora rende più facile per i governi ottenere la loro quota di imposte dovute. Con questo regime fiscale viene automaticamente dedotto da paesi maggiormente europei (e alcuni dei Caraibi) la parte di interesse pagabile a un dato paese per quel che riguarda i conti correnti offhore. Questo non esclude gli individui dal dover ancora dichiarare l'interesse di account offshore (anche se di solito sarebbe credito per qualsiasi tassa offshore detratta).

Se si desidera evitare di pagare automaticamente l'interesse dal proprio conto offshore è necessario aprire un account off-shore inun paese non soggetto alla direttiva.

Questa potrebbe includere (Sempre controllare visto che possonocambiare le regole dell'offshore banking):
- Bahamas (vedere Bahamanian conti correnti offshore con First Caribbean International Bank).
- Panama (Banco General, HSBC Panama, Banco Nazional).

I tassi di interesse standard per i conti correnti bancari sono intorno al 2,5%, ma se si fanno acquisti si dovrebbe essere in grado di ottenere un interesse bancario superiore al 3%. A volte

i tassi di interesse vanno oltre il 5%.
Ecco alcune banche offshore che offrono bank accounts con buoni tassi di interesse.
- Hong Kong (HSBC con tassi del 2,5% – 3,0%) o Bankof China con tassi fino al 3,6%.
- Singapore (DBS o Maybank con tassi fino al 3%).

C'è una differenza significativa tra questi tassi di interesse e quelli delle Isole del Canale (Channel Islands) e dell'Isola di Man dove per i conto correnti offshore hanno i relativi tassi bancari off-shore molto più alti. Quindi se evitando la direttiva europea sul risparmio fiscale e ottenendo i vantaggi sulla privacy sono fattori cruciali per un account offshore personale in uno di questi paesi può avere dei vantaggi. Per quanto riguarda i requisiti di riservatezza dei conti correnti offshore, bisogna specificare che la privacy è totalmente diversa dalla protezione patrimoniale. Quando si considera la riservatezza si essenzialmente a quanto sia difficile per qualcun altro (ad esempio, un socio di affari scontenti o ex-coniuge) ottenere informazioni sui propri conti bancari. Paesi coperti dalla direttiva europea sul risparmio fiscale nella maggior parte dei casi non divulgherà, come nel caso della detrazione dell'imposta i dettagli dei correntisti. Così si è ancora al sicuro con i favoriti e tradizionali conti correnti bancari offshore in Svizzera, Liechtenstein, Lussemburgo.
Il conto numerato svizzero è stato sempre visto come l'epitome della privacy bancaria e se siete interessati sono ancora disponibili questo tipo di conti bancari offshore in varie banche svizzere. Ciò premesso, i conti numerati non sono conti anonimi, e la banca avrà ancora bisogno di verificare l'identità e la fonte dei fondi (per soddisfare le regole di riciclaggio di denaro). Inoltre, questi bank account saranno ancora soggetti a una ritenuta fiscale ESD (partendo al 15%, ma alla fine aumentando al 35%). Puramente in termini di privacy Panama è difficile da battere sia per i conti correnti offshore o altro.
Persino le Bahamas hanno degli svantaggi quando si parla di conti bancari offshore. Mentre le Bahamas hanno un segreto bancario rigoroso, vi sono disposizioni che permettono di rilasciare i nomi dei correntisti. Al contrario Panama ha leggi

molto severe sulla privacy con protezione della corte per i conti bancari nelle cause civili (che dovrebbe coprire la maggior parte delle ragioni tipiche per la privacy) e non rientrano nell'ESD.

Per l'apertura di un conto bancario offshore personale presso banche offshore si richiede:

- Copia autenticata del passaporto (delle pagine con foto e firma).
- Copia di un altro documento d'identità. (Agli statunitensi e i canadesi si richiede copia autenticata della patente di guida).
- Lettera di referenze bancarie.
- Estratto conto del tuo conto bancario o bolletta di un'utenza (acqua, luce, gas o telefono) indicanti l'indirizzo di residenza.

Per l'apertura di un conto bancario offshore societario pressole banche offshore si richiede:

- Copia autenticata dell'atto costitutivo.
- Copia autenticata del certificato della camera di commercio.
- Dichiarazione della tipologia di azioni (al portatore o nominative).
- Atto del consiglio di amministrazione che autorizza l'apertura del conto bancario e conferisce procura a una persona a operare e gestire il conto.
- Descrizione, firmata dai direttori, della natura dell'oggetto della società.
- Copia autenticata del passaporto o di altro documento di riconoscimento di tutti i direttori e del firmante.
- Agli statunitensi e i canadesi si richiede copia autenticatadella patente di guida.
- Estratto conto della banca personale o bolletta di un'utenza (acqua, luce, gas o telefono) indicanti l'indirizzo di residenza per ciascuno dei direttori e del firmante.
- Referenza bancaria personale di tutti i direttorie del firmante.